谨以此书纪念

中国人民解放军建军90周年

全国抗战爆发80周年

暨沙飞参加八路军80周年

寻找沙飞

一个战地记者的影像战争

刘深 著

人民出版社

目　录

序　　　　　　　　　　　　　　　　　　　　　　顾　棣　　1

引　子　山西武乡：纪录片《寻找沙飞》开机　　　4

第一章　激荡风云中的热血青年　　　　　　　7

　　广州：沙飞出生地　　　　　　　　　　　　7

　　开平：沙飞祖籍地　　　　　　　　　　　　12

　　汕头：沙飞恋爱、结婚之地　　　　　　　　17

　　大家闺秀王辉　　　　　　　　　　　　　　19

　　广州蜜月　　　　　　　　　　　　　　　　23

　　儿女相继出世　　　　　　　　　　　　　　25

第二章　一个艺术青年的社会担当　　　　　27

　　痴迷摄影　　　　　　　　　　　　　　　　27

南澳岛 29

上海：艺术生涯起点 36

第三章 在家庭与理想的痛苦抉择中 47

广州：首次个人影展 47

桂林：沙飞第二次个人影展 58

第四章 义无反顾走上抗日战场 65

太原：山西国民师范旧址 65

南茹村：八路军总部旧址 67

平型关村：《长驱直击》组照原址 69

插箭岭：烽火台已成残迹 72

杨家庄：寻找长城 75

找到三个烽火楼原址 76

"浮图峪"应该是"宁静安" 81

第五章 妈妈找回颠沛流离中的孩子 85

一家四口，天各一方 85

王达理的回忆 87

绝密财务 89

大海捞针，找回儿女 90

奔赴延安 94

沮丧的日子 96

第六章 镜头就是战斗的武器 98

金岗库与普济寺 98

五台山：《和尚连抗日》组照原址 99

阜平县城：晋察冀军区司令部驻地、

　　《抗敌报》创刊地　　　　　　　103

海会庵：抗敌报社旧址　　　　　　110

松岩口村：白求恩模范病室旧址　　111

黄石口村：白求恩逝世地　　　　　116

第七章　战火中不可磨灭的人道光芒　　121

神堂堡：《八路军欢送日本战俘》组照原址　121

洪河漕村：晋察冀军区司令部旧址、《聂荣臻

　　送日本小姑娘》组照原址　　　125

当年梨树依然茂盛　　　　　　　　128

井陉煤矿：美穗子、留美子姐妹获救地　130

涞源县城：侵华日军碑　　　　　　132

杨家庄：八路军欢送日伪军俘虏　　138

第八章　仇恨与悲伤已经铭心刻骨　　142

碾盘沟村：《晋察冀画报》创刊地　　142

城南庄：晋察冀边区第一届参议会　148

反"扫荡"的日子　　　　　　　　151

宁死不丢底片　　　　　　　　　　154

柏崖村：柏崖惨案原址　　　　　　158

惨烈的细节　　　　　　　　　　　162

险些截肢　　　　　　　　　　　　165

赤瓦屋村：柏崖惨案烈士墓所在地　170

第九章　山沟里创造画报出版奇迹　　174

洞子沟：晋察冀画报社旧址　　　　174

3

凹里村：顾棣参军　180

史家寨与庙台村：美军观察组来考察　184

第十章　爱情与幸福重新回归有情人　188

意外的惊喜　188

兄妹在"保小"　190

坊里村：沙飞夫妇重逢之地　193

张家口：与子女团圆　197

柴沟堡奶妈一家　204

从花沟掌到上庄　207

第十一章　沙飞之死　211

石家庄：沙飞生命的终点　211

殷子烈的讲述　214

张鼎中的回忆　217

目击证人王朝秀　226

第十二章　两个家庭的悲剧和痛苦　233

英魂归处　233

无尽的悲伤　239

沙飞事件潜因说　242

低调的影展　246

心灵的磨难　247

身心创伤　249

平反之路　251

沉重的文件　254

不同的受害者　258

　　　　另一方受害者津泽胜　　　　　259

　　　　八一学校小校友　　　　　　　263

第十三章　生命中难以承受的沉重　　　270

　　　　隐忍的母亲　　　　　　　　　270

　　　　长孙的回忆　　　　　　　　　273

　　　　感恩与回报　　　　　　　　　275

　　　　孙女眼中的爷爷　　　　　　　285

尾　声　留在历史记忆中的沙飞　　　　288

　　　　让女儿姓司徒　　　　　　　　288

　　　　故乡的荣耀　　　　　　　　　289

　　　　沙飞的摄影成就　　　　　　　291

　　　　战友眼中的沙飞　　　　　　　299

　　　　个人的抗战　　　　　　　　　301

后　记　　　　　　　　　　司苏实　305

作者后记　悲情命运与传奇人生：一个战地记者的
　　　　　影像战争　　　　　　　　316

附录一　沙飞简历　　　　　　　　　328

附录二　沙飞摄影简历　　　　　　　330

附录三　摄影与救亡　　　　　沙　飞　334

附录四　纪录片《寻找沙飞》主题歌
　　　　《我是一粒沙》　　　　　　336

附录五　参考书目　　　　　　　　　338

视频索引　　　　　　　　　　　　　339

序

顾 棣

　　沙飞是我的老师。1943年夏天放学途中，在大沙河河滩，我遇上一个八路军军官。他骑着马，背着手枪和相机，我感到很新鲜。他下马与我边走边聊，聊得很投机。第二天放学回家，母亲告诉我，一个八路军军官来过了，叫沙飞，想让我和他学摄影。

　　第二年9月，我正在华北联大教育学院学习，教务处突然通知去晋察冀画报社，沙飞让我参加八路军，跟他学摄影。那时，《晋察冀画报》刚刚从柏崖惨案中恢复过来，要办培训班，培养摄影人才，我成了第一个报到的学员。

　　没想到的是，沙飞让我学会了摄影，却从来不让我出去拍照；让我参加了八路军，却从来不让我上前线。他让我边学习图

1

片编辑、搞通联，边跟随老同志整理抗战照片底片资料。

1946年12月初，内战形势趋紧，部队分成前、后方两个工作组。我满以为可以到前线一展身手了，没料到沙飞要我留在后方，继续整理抗战底片资料，我和沙飞大吵了一架。沙飞一反平常的对我关爱有加，大声命令我："这是命令，必须服从，出了问题，拿你是问！"

《晋察冀画报》副主任石少华耐心地劝导我，才使我踏下心来。后来，我才明白，沙飞从与我第一次见面，便打定主意，要我去专职做底片档案管理工作。他俩一个红脸一个白脸，"哄"得我整整付出了一生的代价！

沙飞重视底片的保存是十分出名的。1936年，他在上海拍摄鲁迅先生的一系列底片，一直用一个小铁盒装着，放在贴身的口袋里，谁也不许碰，直到1950年3月4日辞世也没有离身。这个小铁盒里还有朱德总司令签发的一份委任状，委任沙飞为八路军全军特派记者。

抗战爆发后，沙飞与战友们一起，冒着生命危险拍回了大量珍贵照片。他当然格外重视，专门组织保护底片小分队，提出"人在底片在，人与底片共存亡"的口号，在枪林弹雨中与敌人周旋。许多战友为保护这些底片负伤甚至牺牲，他自己也在1943年日寇的冬季大"扫荡"中负了重伤，双脚差点儿被锯掉。

必须培养一个专职的底片管理人员，即使什么都不做，也要全力保护这些宝贵的影像资料。但是，让谁长久地留在后方摆弄别人的底片，谁也不乐意。哪一个热血青年参加八路军，不是希望上前线打仗的？只有到农村去，找一个聪明、精干的小孩子从头训练起，才能完成这一使命。可见，沙飞为此花费了多大心思。

我从不情愿到被迫接受，以后慢慢地理解了这项工作的重要性，开始自觉自愿地工作；直到后来，真正把这项事业与自己的生命捆绑到一起，当成一件神圣的使命。今天，我越发看到了这个使命的意义，发自内心地无怨无悔，并且由衷地感到荣耀。

在烽火连天的战争岁月，沙飞不仅自己拍摄了大量珍贵的摄影作品，还培养出数百名摄影人才，创建了完整的摄影体系，创办了被称为解放区两大奇迹之一的《晋察冀画报》。他的战友们在整个北方解放区先后创办了数十种画报、画刊，发行到能够送达的每一个角落，让这些照片发挥出难以估量的巨大威力，为打败日本侵略者、建立新中国立下了汗马功劳。

正是沙飞极有远见，也极为难得地培养专职底片管理人员，最终建立起一整套专业档案管理体系，才能将数以10万计的历史底片和文献档案完好地保存下来，成为新中国最宝贵的影像财富。今年纪念抗战胜利70周年，人们使用的绝大多数抗战照片，都是出自这批历史档案。刘深导演带领的纪录片《寻找沙飞》摄制组，正是带着这批作品去逐一寻找沙飞的足迹，通过这部纪录片，让后人更好地了解先烈们当年浴血奋战的光辉事迹，了解这批珍贵影像的来之不易。

为此，我由衷地感到欣慰，沙飞在天之灵一定感到欣慰，无数为新中国的诞生而英勇奋战、血洒疆场的先驱们也一定感到欣慰！

我衷心地祝愿纪录片《寻找沙飞》圆满成功！

2015 年 11 月 9 日

引　子

山西武乡：纪录片《寻找沙飞》开机

2014年7月20日，晴。

群山逶迤，绿色葱茏。盛夏酷日中的山西武乡，八路军太行纪念馆游人如织。刚刚在太原集结的纪录片《寻找沙飞》摄制团队，一路风尘来到这里。没有隆重的仪式，但是，此时此地，刺眼的阳光和汗水见证，在我们心中，这就是正式开机的标志。

从纪念馆到八路军总部旧址，和我们相约于此的日本沙飞研究会会长来住新平先生一行，接受了我们的采访。日本老人来住新平先生，致力于中日战争历史和沙飞影像研究数十年，踏遍了晋察冀大地的山山水水，是中日友好的忠实使者。

沙飞的二女儿王雁女士长期研究沙飞作品，和来住新平先生很熟悉，资深摄影史学者、沙飞摄影网主编司苏实先生也一起多次寻访过沙飞作品拍摄地。我们的团队不仅具有较高的学术和摄影专业水准，更是云集了抗战摄影的专家，其中包括沙飞的学生

纪录片《寻找沙飞》精选

4

2014 年 7 月，来住新平（右一）在山西太原接受采访（刘深摄）

和战友顾棣^①先生。他不仅保留了包括全套《晋察冀画报》在内的第一手资料，还多次接受我们的采访，并为纪录片《寻找沙飞》题写了片名。

---

① 顾棣，男，1928 年生于河北阜平，抗战摄影史研究专家。1940 年参加革命，1944 年 1 月加入中国共产党，9 月参加八路军。先后在晋察冀画报社、华北画报社、解放军画报社从事暗室、通联、摄影档案工作 15 年。荣立二、三等功各一次，1955 年授大尉军衔。1958 年由北京转业山西，曾任《山西文化》《山西戏剧》杂志和山西人民出版社专职摄影记者兼编辑，《山西画报》总编辑、山西省摄影家协会副主席等职，1989 年离休。2009 年获第二届沙飞摄影奖特别贡献奖，2012 年在第 9 届中国摄影艺术节荣获中国摄影金像奖终身成就奖。

《寻找沙飞》摄制组在山西武乡采访。左起依次为：王雁、司苏实、纪录片《寻找沙飞》策划人金朝晖。（刘深摄）

接下来的几天，我们团队与来住新平先生约定，和这些长期致力于中日友好的日本朋友同行。小伙伴们都跃跃欲试，非常兴奋。

第一章

激荡风云中的热血青年

广州：沙飞出生地

2014 年 9 月，《寻找沙飞》摄制组来到广州的时候，依然是酷热时节。我们在这里先后拜访了沙飞的长子王达理、三女儿王少军和他们的家人。广州是沙飞的出生地，这里也是沙飞妻子王辉长期工作和安度晚年的地方。如今的沙飞家族在这里有 10 多口人，而且有了第四代。

徜徉在沙飞、王辉夫妇当年度蜜月、办影展的故地，沙飞的二女儿王雁一路讲述沙飞的身世。对于"80 后"和"90 后"的青年来说，广州的历史往事如飞流的云烟飘荡在眼前。

关于沙飞人生历程最初的痕迹，都详细地记载于王雁所著

《我的父亲沙飞》一书中。王雁说，由于战争年代父母悲欢离合的坎坷经历，她和兄弟姐妹都随母亲姓王。

1912年5月5日，沙飞（原名司徒传）出生于广州一个商人家庭，在这个充满对外开放与商业气息的通商口岸度过了童年和少年时代。沙飞的家庭家境殷实，读完高小之后，他同时考入广州育才英文学校和免费的公立广东省无线电学校。也许是无线电更加吸引这个充满好奇心的聪慧少年，他不仅功课勤奋，而且，晚上一回到家就练习收发报指法。

沙飞喜欢读书，尤其喜欢文学。鲁迅的小说、郭沫若的诗，是那个年代年轻人的阅读时尚。这些充满时代感，洋溢着自由、民主与科学气息的读物，成了沙飞的思想启蒙，对他的人生观、价值观是最初的，然而是奠基性的塑造。

北伐战争前夜的羊城，掀起一阵阵反帝爱国的民众热潮，"打倒列强，打倒列强，除军阀……"的歌声传遍大街小巷。天天有群众大会、示威游行，青年学生们手挥红旗，发传单、贴标语、发表演讲。少年沙飞深受感染，热血沸腾。

1926年，沙飞由广东省无线电学校毕业。那一年，他才14岁，去黄埔军校拜访无线电高级班教官、族叔司徒璋。黄埔陆军军官学校大门两旁一副横批为"革命者来"的对联，深深地吸引了他：

升官发财请往他处
贪生怕死勿入斯门

沙飞毅然决定从军，在军用电台当上了报务员。

68岁的王雁，专门从事沙飞历史和摄影作品研究20多年，她的讲述带着我们穿越90年的往事尘烟：

1926 年 7 月，国民革命军兵分三路出师北伐。小兵沙飞随所在的第一军乘船到上海，并先后抵达宁波、徐州、济南、天津、北平等地。他虽然年龄最小，但收发报技术很熟练。电台的工作不能间断，每部机器，4 名报务员轮流值班，不停地收发电报。

在军中，沙飞月薪 60 元，每月寄钱回家。1928 年年底，沙飞随部队从北平回到广州。几天后，他奉调广西梧州

1931 年，沙飞摄于广西梧州照相馆

云盖山军用长波无线电台，在那里继续当了 3 年报务员。该电台的报务主任是族人司徒勋。由此可见，沙飞迅速成长为电台的报务精英，一开始就受到了司徒家族的关照。

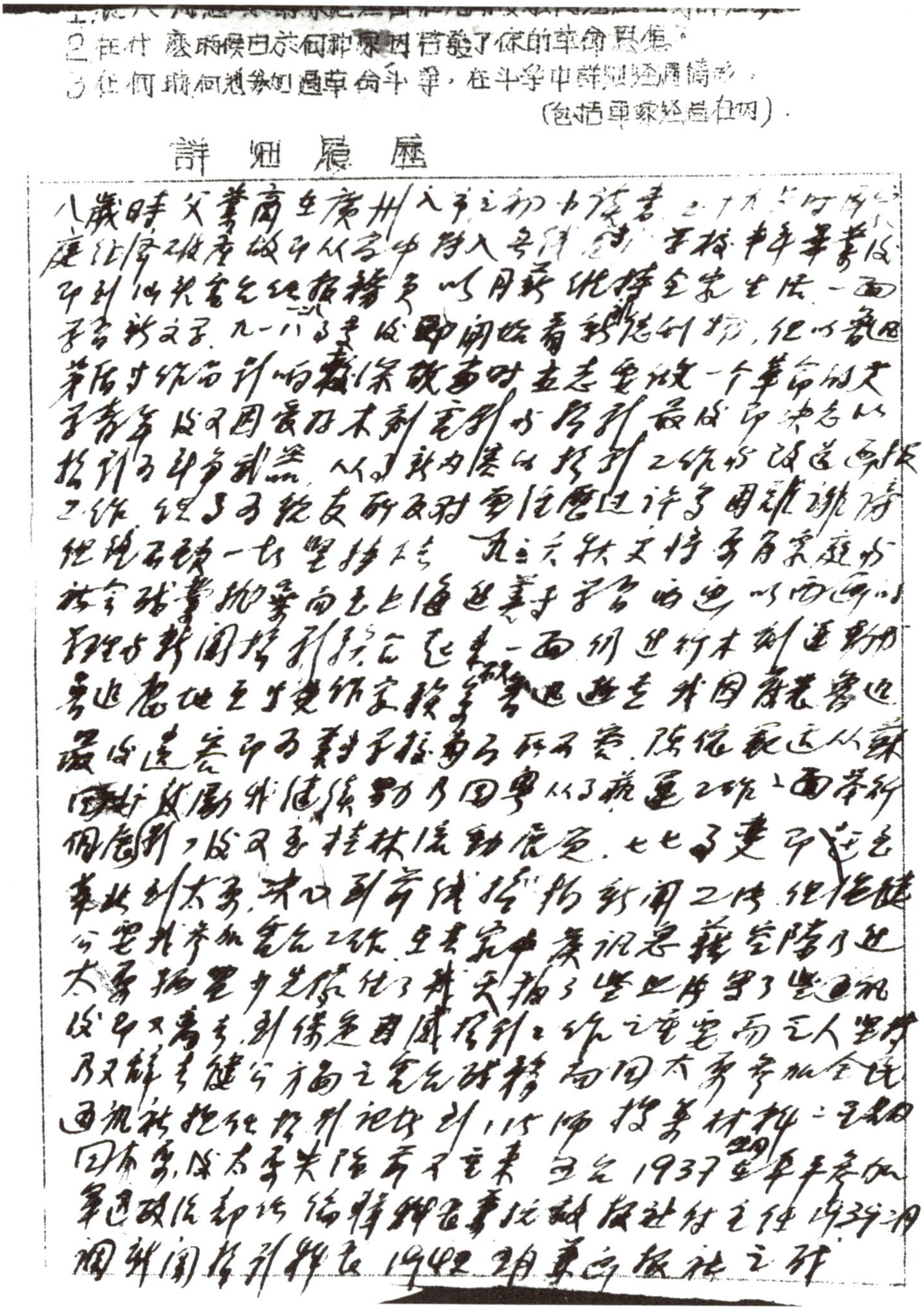

2. 在什麽時候由於何種原因啓發了你的革命思想。
3. 在何處何地参加過革命斗爭，在斗爭中詳細經過情形。
（包括軍隊經過在内）。

詳細履歷

八歲時父業商在廣州入市立初小讀書 [illegible]
[illegible]

沙飞于1942年填写的履历表

1942 年申请加入中国共产党时，沙飞专门撰写了《我的履历》。他在这篇 3000 多字的履历中写道：

> 我是一个城市小资产阶级的知识分子，生长于广州，原籍是广东开平。父名司徒俊勋，在广州经营商业。
>
> （我）八岁时即进市立初级小学读书。一直至十九岁高中毕业这一阶段，家庭的经济状况是不坏的。虽然弟妹年渐增多，父亲的负担日重，但生活上极力节省，七岁以上的弟妹，还是都能进学校念书的。
>
> 在学生时代，因为是处在广州，故"五四"、"五卅"、"大革命"虽因当时自己年幼识浅，但多少还是受到一些影响的。这时期，特别是爱国主义和民族意识的教育和奋斗创造的精神使我易于接受。
>
> 十九岁时，因父亲商业破产，而家中弟妹成群，生活难以支持下去，迫使我将升学的志愿抛弃，而迅速地找寻职业。所以旋即投考无线电专门学校，半年毕业后，即在汕头电台工作，将月薪支援家庭生活。
>
> 职业是解决了，而这只是我生活之手段，我是爱学习、爱追求光明与真理的，但这时期我所学习的，都只是新文学。当时，鲁迅、茅盾、郭沫若等的作品，对于我的革命思想的启发，是起了极大作用的。当时我想做一个革命的文学青年。

沙飞研究者们后来发现，在这篇自述性的履历中，沙飞并没有提到他参加国民革命军和北伐战争，以及在国民党的军用电台当报务员的经历。这是个十分令人关注的重要细节。在抗日战争

1956年，沙飞长子王达理到广州看望祖父、祖母时的合影。前排是沙飞弟弟的两个孩子；第二排右起依次为：沙飞母亲李慕颜、沙飞父亲司徒俊勋、沙飞二弟司徒铃；后排右起依次为：沙飞四妹司徒慕真、王达理、沙飞五弟司徒君、司徒铃长子司徒诚。

时期，尽管国共两党第二次结成统一战线，一致抗日，但是，两党之间的矛盾并没有弥合，激烈甚至残酷的明争暗斗从未停止过。也正因为如此，后来的学者们几乎一致认为，沙飞在这篇自述中有意地隐瞒了自己的这段历史。

开平：沙飞祖籍地

"沙飞"这个名字是他走上摄影和美术道路之后，作为一个文艺青年起的笔名，没想到，却从此埋没了他的真实姓名。从

20世纪50年代，沙飞父母与在广州的子女及家人合影。中间坐者，右二为沙飞父亲司徒俊勋，右三为沙飞母亲李慕颜；后排左三起依次为：沙飞二弟司徒铃、沙飞七弟司徒彤、沙飞六弟司徒良、沙飞五弟司徒君；后排右二为沙飞四妹司徒慕真。其余是弟媳妇们及孙辈。

2014年9月开始，我们多次来到沙飞的故乡广东开平，在那里寻觅他的家族血脉。

《我的父亲沙飞》一书，对沙飞与著名侨乡广东开平的渊源有清晰的记述：沙飞复姓司徒，单名"传"，别名司徒怀。他祖籍广东开平，在故乡赤坎古镇，司徒家族是个大姓。沙飞的父亲叫司徒俊勋，字炜如，1888年出生于开平县赤坎镇中股乡书楼村，十六七岁从故乡到广州谋生。

1910年，司徒俊勋娶了广东南海五加皮酒厂老板的女儿李慕颜，从此成了走南闯北的药材商人，经常到重庆、贵阳、桂林、柳州、梧州等地采购药材，再卖货到香港、上海，甚至远涉

始建于 1925 年的司徒氏图书馆（施健民摄于 2015 年 6 月）

南洋，到新加坡、马来亚、越南等地。李慕颜读过 3 年书，脾气好、善良、勤劳、能干，烧得一手好菜，是那个年代典型的知书达礼的贤妻良母。

沙飞是司徒俊勋和李慕颜夫妇的长子。司徒俊勋和李慕颜夫妇每两三年生一个孩子，共生了六个男孩、两个女孩。沙飞所在的大家庭有过温暖、幸福的好时光。作为家中长子，他自幼聪明而调皮，深得父母宠爱。

司徒俊勋为人正直、开明，喜欢看报纸，有强烈的爱国思想。他时时勉励孩子们要勤奋学习、有志气、能吃苦，将来做大事。他常给孩子们讲林则徐虎门销烟、三元里人民抗英、黄花岗七十二烈士的故事，还经常讲司徒家族的传奇人物。

清末民初，开平、台山等地成为全国著名侨乡。司徒家族的青壮年男人，大多数告别父母妻儿，到美洲或南洋谋生。司徒家族也从此开启了名人辈出的时代，尤其涌现了众多文化艺术精英。

司徒俊勋与在广州的族人关系密切，20 世纪 20 年代初，年长的司徒郁是广州商会会长，族人定期去茶楼喝茶。每逢宗亲们从家乡或海外来到广州，他们总要欢聚一堂。

住在岭南大学的司徒郁夫妇，每次都带着从岭南中学毕业、喜欢绘画的司徒乔和年幼的司徒杰、司徒汉几兄弟来。

12 岁就离开家乡到广州求学的司徒慧敏也常来参加家族聚会。他父亲司徒盛赞是加拿大华侨，早年在美洲参加兴中会，追随孙中山。司徒慧敏比沙飞大两岁，后来成为著名的左翼电影人。美国著名华侨首领、致公堂领袖人物司徒美堂，中国第一艘万吨轮设计者司徒梦岩……都是司徒家族的光荣与骄傲，这些名字深深地打动着沙飞。

司徒俊勋在每年清明节都带孩子们回家乡祭祖。1925 年的

2015 年 2 月，王雁（左）和本书作者刘深在广东开平赤坎镇司徒美堂故居（大光摄）

沙飞祖籍广东开平赤坎古镇（施健民摄于 2015 年 6 月）

清明节，举行了开平赤坎镇司徒家族一年一度的拜祭太祖仪式。扫墓后，族人们聚集到潭江边新建的司徒氏图书馆，三层楼及小庭院挤满了族人。

沙飞与司徒慧敏、司徒奇等人在一起聊天，他们正当求知欲最旺盛的年龄，乐于探索未来，对人生充满幻想，对先辈的英雄业迹无限崇拜。他们对于艺术有极大的兴趣及热忱，渴望长大后报效祖国。沙飞感受到血缘的力量、家族的凝聚力。他知道，无论走到哪里，司徒氏族的人都会互相提携、帮助。

1927 年，司徒慧敏参加广州起义，起义失败后于 1928 年赴日本；司徒奇于 1926 年考入广州市立美术学校，后转入上海中华艺术大学。

汕头：沙飞恋爱、结婚之地

2015 年春节，笔者从深圳北站乘高铁至潮汕站，开始寻访沙飞工作、恋爱、结婚、生子的地方，这里也是沙飞妻子王辉的故乡。

1931 年，时任广州军用电台总工程师的司徒璋被任命为汕头无线电台台长，他请沙飞到汕头电台当特级报务员。1932 年春，司徒璋带着劳耀民、李泽邦和沙飞，穿着军装进驻国民政府交通部汕头无线电台。他们接管后，将电台改为商业、军事两用，还增加了通报时间，专门收集上海第十九路军抵抗日军的消息，报道给汕头市民。

沙飞月薪 150 大洋，他住在汕头电台的集体宿舍。下班后，同事们常去茶楼、酒馆消遣，吃喝玩乐打麻将。沙飞从不参与，甚至连司徒璋的孩子满月摆酒，都不去应酬。业余时间，他看书、学习。同事们说他正派、耿直、刚烈，但太孤傲。

正是在汕头电台工作期间，沙飞结识了后来的妻子王辉。王辉原名王秀荔，是汕头电台里的登记员，还负责打字。沙飞很快就注意到这个大眼睛的女同事。沙飞发电报既快又准，喜欢文学，性格上特立独行，进汕头电台不久，就赢得了王辉的好感。他们经常在空闲时间一起打乒乓球，互相传阅当时的进步书刊，比如《大众生活》《现世界》《生活星期刊》等。他们都喜欢读鲁迅和郭沫若的作品。

一天早上，同事劳耀民来接班，看到沙飞桌子上的一张电报纸写满了"王秀荔"，他明白沙飞坠入情网了。夏日的一天，沙飞主动借给王辉一本书，王辉觉得他的表情与平时不太一样。沙飞走后，她打开书，里面夹了一封信："我很想到你家拜访，告诉我你家的地址。"从此，沙飞成了王辉家的常客。

交往中，沙飞谈及自己的童年，也经常眉飞色舞地讲述引以为自豪的司徒家族。他告诉王辉，父亲司徒俊勋前两年去外地采购药材，把钥匙交给会计。那人偷光了钱，司徒俊勋生意破产，又患了重病，一家的生

2004年，沙飞后人寻访原汕头电台旧址，右起依次为：沙飞长孙王平、沙飞长子王达理夫妇、沙飞二女儿王雁、沙飞小女儿王少军

活陷入困境。作为长子，沙飞承担起家
庭经济重担。为了让弟弟妹妹们继续完
成学业，他每个月的大部分工资都寄
回家。

　　王辉理解沙飞，他们两人有着相似
的命运。

大家闺秀王辉

　　王辉，广东省潮安县东里乡人，
1911 年 11 月 15 日生于香港，后就读
于香港英华女校。这是一所教会学校。
她经常到中华基督教会的合一堂，参加
少年德育会的活动。王辉的父亲王星

2013 年，王雁到访香港英华女校。
王辉及其两个妹妹曾经在这里读书。（黄元
摄于 2013 年）

汗在香港做生意，1927 年病逝于汕头。王辉原有兄弟姐妹九人，
后来只剩三姐妹，因无力再升学，全家搬到汕头，三姐妹努力工
作谋生。

　　在泰国经商的王辉的小舅李秉，经常寄钱来。三姐妹的学习
没有停滞，她们补习英文，参加普通话学习班，还学音乐。她们
在教堂接受了洗礼，成为基督教教徒。在基督教青年会，王辉学
弹曼陀林，她的六妹王勖学拉小提琴。三姐妹中，遇事都是王辉
拿主意；六妹王勖性格恬静，喜欢默默读书；王辉的七妹王勉内
向，什么都听姐姐的。后来，三姐妹都参加了华南抗日义勇军。

　　1944 年，王辉在《我的自传》中写道：

　　"九一八"炮声响了，我如梦初醒，感到过着醉生

梦死的生活太对不起祖国，同时感到亡国灭种的危险，于是在朋友中呼号，希望大家起来救国。在这个时候我在（汕头）电台认识了司徒传（即沙飞），他是报务员，是我所认识的人物中最进步的一个，他和我一样有爱国热情。

在我们的推动下，（汕头）电台成立了一个救国会，我们都被选为常委，救国会的工作主要是捐款给东北抗日义勇军，出刊物《醒来吧》。因为思想较为接近，工作又经常接触，我和司徒传渐渐成为真理探讨的朋友了。我公余之暇，司徒传常常来找我交换书籍，这时我

香港中华基督教会的合一堂。王辉及其两个妹妹在香港读书时，曾经在这里做礼拜。（王雁摄于 2013 年）

喜欢看蒋光慈的书，如少年漂泊者、
丽沙的哀怨……等。

在汕头电台，富于激情的沙飞对王辉
说："我将来要像鲁迅先生一样当文学家。
对不公平、不合理的社会，我也要呐喊！
我喜欢匈牙利诗人裴多菲·山陀尔，生命
诚可贵，爱情价更高，若为自由故，二者
皆可抛，太棒了！裴多菲这位年轻的英雄
用鲜血和生命为自己的诗句写下了注脚，
每念及此，我都不能自已。"

王辉为这个有抱负、敏感、热情奔放
的男人所倾倒。她感觉到自己爱的男人决
不甘于过平庸的生活，他要干自己爱干的
事，渴望事业的成功。

1946年，王辉在张家口（沙飞摄）

初恋是甜蜜的。下班后，他们一起看书、看足球比赛，一起
去打球、去游泳。沙飞借了朋友谭友六的照相机，每当他们骑自
行车到公园、海边或汕头电台附近旅游时，他都给王辉拍照。他
的愿望就是把心爱女友的倩影永远留住。

王辉在《我的自传》里如此回忆那段生活：

我们渐渐成了很好的朋友，进而至于恋爱，民国
二十二年（1933年）三月卅日，我和司徒传宣布结婚。
在结婚前，我们受了不少的障碍。妈妈反对我和他结
婚，认为他家里太穷，无资产，而且负担重(他是长子，
有七八个弟妹和父母要他供养)。

朋友反对我，则认为他不和他们接近。因那时司

王辉的母亲李瑞蓉（前）与三个女儿摄于20世纪50年代，右起依次为：王辉、王勉、王勖

（徒传）很高傲，不欢喜这班好嫖好赌的有钱人，而我认为他是一个有志气的男子，聪明，他与我一样十六岁时就负担家庭经济，后在军队当报务员、教官。家境虽较我穷，但这点在我是满不在乎的。

在我们要结婚时，双方都表示同心合力创造一个光明的前途，这个前途是怎样的呢，在我们当时也是甚模糊。因为受胡愈之那本《莫斯科印象记》里面几句话的影响，认为结婚不能用金钱来做保证，因此我们结婚时取消结婚戒指，因为讨厌那些污浊的结婚典礼，我们在结婚那天，一方面登报，一方面坐船到香港、广州度蜜月去。

广州蜜月

司徒璋送给沙飞、王辉夫妇的结婚礼物是个镜框，上书"振华贤侄、慕秋女士新婚志禧"。

婚后，沙飞、王辉两人到广州度蜜月，住在离沙飞家不远的新亚酒店。沙飞西装革履，王辉身着旗袍。全家非常高兴，按照儿子、儿媳的意愿，没有宴请亲朋好友，而是一家人在家里吃了顿丰盛的晚餐。

第二天，知名画家司徒乔、冯伊湄夫妇，广州烈风美术学校校长司徒奇，广州美术学校教师李桦都来看望沙飞、王辉夫妇，祝贺他们新婚。司徒乔告诉他们，1926年自己在北平中央公园办画展时，鲁迅先生买了两幅画：素描《五个警察一个〇》和水彩画《馒头店门前》。司徒奇的油画《艺人之妻》，在国民政府教育部举办的第一次全国美术展览上得了第一名。后来，司徒奇拜岭南画派的高剑父为师，转攻国画。

他们又谈起了1932年的淞沪抗战。司徒美堂组织华侨募捐救国，一次直接汇给蔡廷锴将军捐款50万美元。司徒美堂还亲自回国，把侨胞的捐款和物资带到上海，慰问第十九路军。美国总统富兰克

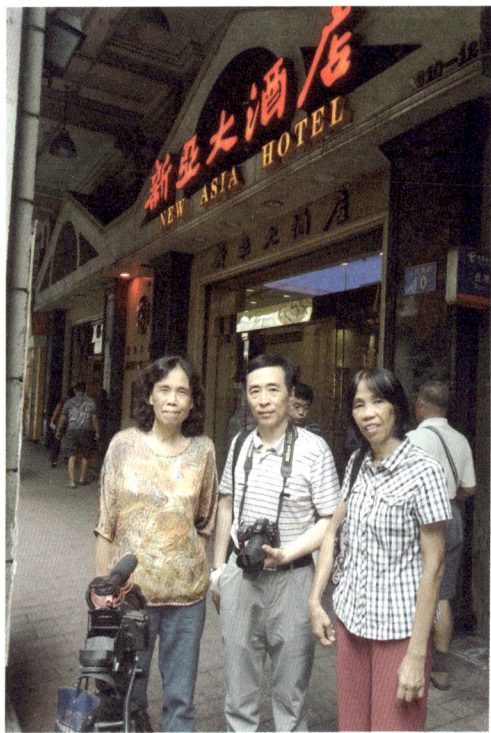

王雁、王平和王少军（左起）在广州新亚大酒店门口（刘深摄）

林·罗斯福当年是实习律师时，在纽约司徒美堂建立并主持的安良堂当法律顾问达 10 年之久。

王辉写于 1944 年的《我的自传》记述道：

> （我和司徒传）在广州住了一个星期，便转到上海、苏州、镇江、南京，再转去杭州，在杭州住了一个星期，游了不少名胜，并在秋瑾的墓前拍照，因为秋瑾是我当时最崇拜的女性之一，我很敬仰她的英勇行动，我甚欢喜读她的诗，我常幻想将来要和她一样。

沙飞和王辉为了蜜月旅行，专门买了一台照相机。蜜月中，他们拍了不少相片，都是沙飞自拍的夫妇双人照，每照完一个胶卷就在当地照相馆冲洗。从此，沙飞与摄影结下了不解之缘。

1933 年 4 月，沙飞、王辉蜜月旅行在南京

沙飞、王辉夫妇曾经居住的汕头新马路（现民族路）（王达理摄于 2004 年）

儿女相继出世

　　蜜月结束后回到汕头，沙飞住到了新马路（现民族路）79号 3 楼妻子王辉的家。回汕头电台上班后，沙飞送给劳耀民几张照片，并在背后写明拍摄地点。1987 年，劳耀民将保存了几十年的沙飞夫妇蜜月旅行的 10 张照片全部送还，这是现存沙飞拍摄的最早照片。

　　婚后，沙飞把七弟司徒彤、四妹司徒慕真都接到汕头家里，加上岳母李瑞蓉、妻妹王勖及保姆等人，全家近 10 口人。当时，王勖去在泰国的舅父李秉那里工作。全家开始时只住三楼，后来又租了二楼，家里不宽敞，但充满了欢乐和亲情。

王辉怀孕了。她的身体一直比较弱，又经常失眠。沙飞很体贴妻子，从不发脾气。尽管家里有保姆，但只要他回到家，就一定亲自下厨，给王辉做可口的饭菜，想方设法让她增加营养。沙飞买来没筋的牛肉，将肉切得很薄，炒的火候很合适。他做的炖狗肉、牛肉麦片，人人都说好吃。

1933 年年底，他们的大儿子出生了，王辉的好朋友周瑞华医生亲自来家里接生。她与王辉是在看足球比赛时认识的，王辉在汕头电台的工作也是她介绍的。沙飞为长子取名司徒飞（后改名为王达理），小家伙儿长得精灵活泼，家里一下子热闹了许多。沙飞特别喜欢这个宝贝儿子，这是司徒家的长孙。

月子里，王辉想吃什么，沙飞就煮什么。他还炖鸡汤，逼着她好好进补，一回家就抱孩子、照顾妻子。1935 年春，他们又生了一个女孩，也是周瑞华大夫接生的。沙飞为女儿取名司徒鹰（后改名为王笑利）。

从为两个孩子分别取名"飞"和"鹰"可以看出，沙飞是那个时代渴望放飞梦想的浪漫青年，以至于最后在自己的笔名中也用了"飞"字。"沙飞"，蕴含着他冲破传统观念羁绊的自由心境。

第二章
一个艺术青年的社会担当

痴迷摄影

沙飞婚后，家庭温馨、工作安稳、收入高，使他有时间和精力钻研自己喜欢的文学。他把能买到的鲁迅的书全看完了，读得越多，对社会、对人生渐渐产生了自己的理解。一直想当文学家的沙飞，看了司徒慧敏参与拍摄的电影《渔光曲》《桃李劫》《风云儿女》后，想搞电影；受朋友们影响，他又爱上了木刻。

然而，摄影渐渐占据了他全部的生活。每月除了给在广州的父母寄钱，沙飞留下不多的钱几乎全用于摄影。最初，每逢节假日，沙飞一家便全家出游，游泳、打球、看比赛、听音乐。后来，当沙飞的镜头开始对准劳苦大众，他陪家人的时间就越来越少了。

　　王辉对丈夫搞摄影很支持，她掌管全家的财权，悄悄从家里拿了500元给沙飞，让他去买摄影器材。为冲洗、放大照片，沙飞专门请木工在家里搞了暗房。那时电费贵，岳母李瑞蓉有点儿心疼，让王辉管管他。王辉嘴里答应着，但并不行动，还经常帮着沙飞一起冲印照片。

　　每次拍出一幅好作品，沙飞就特别兴奋。王辉是他的第一个观众，看到丈夫的摄影作品越来越出色，她心里暗自高兴。

　　1935年6月，沙飞以"司徒怀"的别名签署了加入摄影团体黑白影社的志愿书，成为社员，从此对摄影更加痴迷。黑白影社于1930年元旦在上海成立，是20世纪30年代中国最大的摄影团体，1937年因全国抗日战争爆发而结束。

　　1936年年初的一天，沙飞拿了一本外国画报给王辉看。里

沙飞镜头中的民生

面的照片是 1914 年 6 月 28 日，奥匈帝国皇位继承人斐迪南大公到访萨拉热窝，被塞尔维亚族青年用手枪打死的场景。这一事件被认为是第一次世界大战的导火线。

正是这张照片让沙飞情绪激昂，他看到了用照相机记录历史的巨大魅力。对妻子王辉描述这张照片时，他神情激荡，眼睛放射出奇异的光。沙飞激动地说："当时，一个摄影记者的照相机一直打开着，随时可以拍摄。他拍下了这历史的场面，一下子出了名。我要当摄影记者，我要用照相机记录历史。"沙飞那一刻的表情让王辉终生难忘，这张历史照片改变了沙飞的人生。

南澳岛

沙飞早期摄影的镜头从对准汕头南澳岛开始。1936 年 6 月，他背着照相机，乘着小木船，颠簸几个小时，来到南澳岛，在那里拍摄了数十张照片。这些作品不仅仅反映普通的渔家生活，还折射着那个时代动荡的背影。

同年 11 月，邹韬奋主编的《生活星期刊》发表了一整版 6 张照片，题目是《南澳岛——日人南进的一个目标》，署名"沙飞"。他写道：

> 南澳岛在粤省东北端海岸附近，介于厦门和汕头的半途，因为距离台湾很近，又是控制闽西南和粤东的门户，所以成了日人南进中的一个目标。本年粤西南的伪军自治运动和某国军舰的窥探，已经使这个平静的小岛受到严重的威胁。本页各图显示该岛的一般形势和人民生活情况。

1936年，沙飞在
广东汕头南澳岛拍摄
的系列作品

1936 年，沙飞在广东汕头南澳岛拍摄的系列作品

1936 年，沙飞在广东汕头南澳岛拍摄的系列作品

不久，这些照片又以《敌人垂涎下的南澳岛》《国防前线的南澳岛》为题，先后在《中华图画》杂志及广州、桂林的沙飞摄影展上露面。沙飞眼中的南澳岛已经不是一个普通的海岛，它的重要战略地位让镜头充满拍摄者忧国忧民的敏锐。

1937 年 6 月，《中华图画》杂志发表沙飞拍摄的《敌人垂涎下的南澳岛》两整版照片，附南澳岛地理形势图。沙飞写道：

> 在汕头的东南海面，有一个海岛，面积一百六十方里，居民三万多人，大部分靠着渔盐生活。那便是这里介绍的南澳岛。明代倭寇猖獗的时候，南澳曾屡陷寇手，经戚继光、俞大猷攻破寇巢，筑三座砖城，置兵屯守，才把倭寇打尽。清代置总兵一员驻守，为潮汕屏障。
>
> 民国以后，改设南澳县，惟守备废弛，从前要塞，悉成残败不堪的废垒。一日海疆有事，南澳是极其危殆的。自敌人南进政策积极实施以来，我国东南海面的险要岛屿，都想攫为彼方海军根据地。
>
> 南澳距台湾不到四百海哩，扼闽粤两省门户。敌方久已看作他们的囊中之物，最近由台湾派遣许多浪人，率领南澳土人之在台谋生者，回南澳活动，多数浪人，甚（至）设法入赘土民的家里，借婚姻关系，培植侵略势力，一面引诱土人，入他们的国籍，或受雇做工，充其爪牙，一面在附近南澳之小岛、建立走私机关，驳载由台湾、琉球运来的大批私货，向潮汕一带倾销，以破坏华南海关的壁垒，同时派遣渔船入南澳内捕鱼，乘机探测水深，以备战舰之进驶。
>
> 六月十六日，申报汕（头）通信，即有某国黑色军舰开入南澳港内，从事探察工作之记载。我国若不严为

防范，等到他们根深蒂固，那就驱除为难了。

总之在敌人侵略之下，无论在内蒙（古）、在华北、在闽粤沿海，到处充满了可怕的阴谋。我们惟有统一全国力量，上下一心，建设牢固的国防，进而收回已失的土地，给予敌人当头一棒，以警醒其侵略亚洲大陆的迷梦！

2015 年 2 月，笔者登上了汕头南澳岛。如今，已经有一座跨海大桥将这个岛与大陆连接。70 多年前，沙飞去南澳岛看望好友李泽邦和三弟司徒强，亲身体验南澳岛的历史和现状。他徒步走遍全岛，了解到日本浪人在岛上胡作非为，他忧心忡忡。沙飞对南澳岛的多次报道，是当时全国最早以国防题材为主题的摄影新闻，而且图文并茂。他是报道南澳岛战略位置，以及该岛受到日本人渗透的第一人。

2015 年 2 月的广东汕头南澳岛渔港（刘深摄）

1937 年 6 月，《中华图画》杂志发表沙飞拍摄的《敌人垂涎下的南澳岛》

广东汕头南澳岛海防史博物馆黄迎涛馆长于 2015 年新发现的 1937 年 6 月 24 日《申报》《图画特刊》上沙飞所摄《国防前线的南澳岛》组照。其中，照片 3（左图为放大版）的说明文字为："敌人在我们的国土上侦察测绘。"

1936 年 11 月，邹韬奋主编的《生活星期刊》发表沙飞的作品《南澳岛——日人南进的一个目标》

上海：艺术生涯起点

2014 年 11 月 1 日，笔者来到上海，寻找当年沙飞投考上海美术专科学校、投身左翼艺术家阵营的历史轨迹。

自从参加黑白影社后，沙飞越来越关注和向往上海。那里有他崇敬的鲁迅先生，还有司徒乔、司徒慧敏这些司徒家族中的艺术追梦者。汕头的小家庭，再也拴不住沙飞的不羁之心。

那是 1936 年 8 月，沙飞告诉妻子王辉，经过深思熟虑，他决定去上海搞摄影。他的想法遭到王辉强烈反对，她争吵，她哭泣，最终无济于事。她已经无法理解丈夫在时代大潮冲击之下的心灵巨变。按照常规，电台工作非常稳定，收入丰厚，又有家庭，怎能抛弃这一切去搞摄影呢？摄影不能超越业余爱好的界限，更不能赖以为生。更何况，对于沙飞来说，不仅有妻子、儿女，还有父母和弟弟、妹妹需要他照顾。

王辉心里明白，丈夫沙飞去意已决，不会回头。回顾这次离家出走，沙飞在 1942 年撰写的《我的履历》中写道：

（1931 年）"九·一八"、（1932 年）"一·二八"以后，我又爱看新的杂志，如《大众生活》、《现世界》等，并间或看一些社会科学的入门的小丛书了。但毕竟文学艺术给予我的影响较大些。我又爱上电影和木刻了。将来做一个革命的木

黑白影社的作品集

刻工作者呢？电影的编导呢？还是文学青年呢？我徘徊在三叉路口了。

不久之后来，我在外国画报上看到了几张好的新闻照片，使我十分感动。但当时国内出版的画报，却是无聊帮闲的，甚至是反动的。我认为摄影比木刻来得真实，而电影虽好，但必须有大的资本和后台老板。

从事文学的人是很不少的，而摄影是非常重要但却没看到过有一两个进步的摄影家。社会上一切的人们都把这一工作看成是消闲娱乐的玩意。我不满于当时的摄影和画报工作，更不满于当时的社会制度。

因此我决定站在革命的前进的立场上，为民族的解放、人类的解放而牺牲一己，与黑暗的旧势力奋战到底，并决心做一个前进的摄影记者，用摄影作为斗争的武器，通过画报的发表和展览方式去改造旧社会，改造旧画报，同时改造自己。——但当时只想到改变自己的生活。

我开始学习摄影了，但机子和材料不能不支出一笔钱，因而就不能不影响到微薄的家庭费用，以致引起父母弟妹和亲友的不满，他们也认为这是娱乐是浪费。而我的妻子（一个比较进步些的知识分子，曾经同情并鼓励过我做一个文学青年的女友）和较相熟的前进的青年朋友也都反对我学习摄影。

他们的理由是只有文学或木刻是前进而可以学习的。摄影是坏东西，没有前途，只是浪费。特别是我的妻子反对得最激烈，经常因此而吵闹，甚至以离婚来威胁，但她想不到我是经过深思熟虑之后，下了最大决心，以此为自己终身的革命事业和斗争武器，再不能随便改变志愿的了。

我忍受了一切痛苦和非难，埋头苦干了两年多，从黑暗中摸索出一些门径了，在新闻摄影的学术和技术上打下了一点基础。

1936年秋看到了沈（钧儒）章（乃器）邹（韬奋）陶（行知）四君子与中共领袖商谈联合阵线的信（从前进的刊物上），看到了抗战形势的将临，这时又适值二弟（司徒铃）、三弟（司徒强）都从专门学校毕业，二弟可以当中医生，接替我的位置去维持家庭生活。于是就下了决心立即奔往上海去。

沙飞镜头中的劳动者

从中可以看出，在沙飞和王辉的眼中，摄影的概念有很大差别。沙飞对摄影的追求，已经超出了文艺青年个人理想的范畴，而是与抗日救亡运动紧密相连的时代追求。1936年8月底，沙

飞从电台请假，离开汕头，背着照相机，壮志满怀地奔赴上海，这是一次走向人生舞台的壮举。

他带着挚友李桦写给青年木刻家黄新波的信。李桦是沙飞的校友和报务同行，比沙飞年长5岁，14岁就读广东省无线电学校，毕业后在广州电台当报务员；其间兼读广州市立美术学校，曾经到日本专攻美术。

李桦告诉沙飞，他在上海目睹了蔡廷锴、蒋光鼐率领的第十九路军守土抗日的壮举；他与从前线下来的伤员同乘轮船由上海回广州，在船上听到很多悲壮的故事。他要把这些英勇的将士们画下来。

沙飞先去霞飞路（现淮海路）找司徒博。他们既是宗亲，又是影友，一年间，信件联系频繁。司徒博是上海著名牙科医生、私人平民牙科医院院长，他让沙飞住在自己家。

当晚，司徒博为沙飞设宴接风，在上海的司徒族人聚会。司徒梦岩、司徒郁、司徒卫、司徒慧敏、司徒乔及夫人冯伊湄、司徒乔的弟弟司徒杰和司徒汉都来了。

司徒梦岩曾经赴美留学，是上海江南造船厂第一任华人总设计师。他还是个音乐家，从小喜欢拉小提琴，并热衷于研究小提琴。司徒卫是教育家，曾担任岭南大学附中校长，后来到上海开创岭南中学。

司徒杰喜欢雕塑，司徒汉喜欢音乐，司徒乔的三妹司徒怀在上海国立音乐专科学校读书。

司徒慧敏在日本学美术、电影、无线电，回国后成为左翼电影人。司徒家族浓郁的艺术氛围一直深深地鼓舞着沙飞。他以别名"司徒怀"报考上海美术专科学校西洋画系，同时在找做摄影记者的工作，后来被上海美专录取。

上海美专的大多数学生不问政治，艺术至上，及时行乐。每

前排：左一为司徒乔，左三为陈桂英（沪江大学学生），左四为刘悦意（上海音专学生），右三为何汉心（上海音专学生）右二为司徒懿卿（司徒乔二妹、岭南大学学生），右一为林亭玉（上海音专学生）；后排：左三为冼星海，左五为司徒怀（司徒乔三妹、上海音专学生），右二为冯伊湄（司徒乔夫人）。（1936年初秋，沙飞摄于上海江湾司徒乔寓所前）

《国民》杂志封面上的沙飞作品

天晚饭后，不少男女同学去"大都会""百乐门"舞厅这些时尚的娱乐场所消遣。沙飞似乎与他们格格不入，躲在图书馆看画册和画家传记。同样在十里洋场，沙飞的镜头却捕捉着十六铺码头劳苦的工人，拍摄了《生命的叫喊》《人力车夫》《码头工人》等照片。

沙飞交了100多元学杂费

劳动者的午餐（沙飞摄）

车夫（沙飞摄）

后，几乎囊空如洗，只好靠在报刊上偶尔发表文章和照片，赚取微薄的稿费。通过李桦认识了黄新波之后，沙飞与上海美专内外一批思想激进的木刻青年过从甚密，并因此结识了热心推举木刻运动的鲁迅先生，在 1936 年 10 月 8 日拍摄了鲁迅先生生前最后的组照。

沙飞见到鲁迅先生仅仅 11 天之后，鲁迅先生就与世长辞了。噩耗传来，沙飞悲痛欲绝，立即赶到鲁迅先生寓所，拍摄了鲁迅先生遗容。

沙飞曾在《我的履历》中写道：

> （我）到上海，因一时未能找到摄影记者的工作，而另一方面又因感到需要有美术绘画渗透于摄影木刻中乃能更生动有力，故即进上海美术专门学校西画系求学，一面投寄一些照片和通讯给前进的刊物，以稿费来换取摄影材料之所需。因为从事摄影和木刻工作，遂与鲁迅、鹿地亘等中日作家相识，向他们学习，请他们帮助。
>
> 鲁迅先生逝世后，我因发表鲁迅遗像，即为反动的学校当局所不容（当时我还没参加任何组织）而被迫退学。

沙飞在上海美专的资料于上海档案馆保存至今，其中包括沙飞亲笔填写的学籍表，还有资料记录：司徒怀，民国二十五年度（1936 年）第一学期，实习军训考试：92 分；理论军训：0；操行等第：乙。其他的如石膏实习、风景实习、党义、国文、解剖学、透视学、色彩学、艺概等，全是空白。可见，直至他不辞而别，沙飞在上海美专的两个多月时间里并没有认真上课。

1936 年 10 月 28 日，广州《民国日报》发表署名"沙飞"的文章《鲁迅先生在全国木刻展会场里》：

第三天，最后的一天——10 月 8 日，12 时半，我去食客饭，饭后赶回会场，不料鲁迅先生早已到了。他自今夏病过后，现在还未恢复，瘦得颇可以，可是他却十分兴奋地，很快乐地在批评作品的好坏。

他活像一位母亲，年青的木刻作家把他包围起来，细听他的话，我也快乐极了，乘机偷偷地拍了一个照片。不久昨天来过的那个女记者和两位美国人一同来选画，她早已认得鲁迅的，一见面就很亲热地握手，然后再坐下来谈话，这时我又焦急起来了，站到他们的对方又偷摄了这一幕，因为是难得的机会啊。鲁迅先生徘徊了好些时才走，给与人们一个极亲的印象。

沙飞于 1936 年 9 月填写的上海美术专科学校学籍表

鲁迅在第二届全国木刻展上的照片，是沙飞拍摄的第一组新闻照片。在鲁迅葬礼上，有传闻说，鲁迅先生是被日本医生所害。青年作家萧军还在鲁迅的墓地发誓复仇。这个细节成了沙飞心中的一道阴影。

用照相机记录鲁迅葬礼全程，应该说是沙飞拍摄重大历史事

沙飞拍摄的鲁迅与青年木刻家组照（1936年10月8日，上海青年会）

鲁迅生前最后的留影（1936年10月8日，
沙飞摄于上海青年会）

1936 年 10 月
9 日,《广州民国日
报》发表沙飞所摄
鲁迅遗容

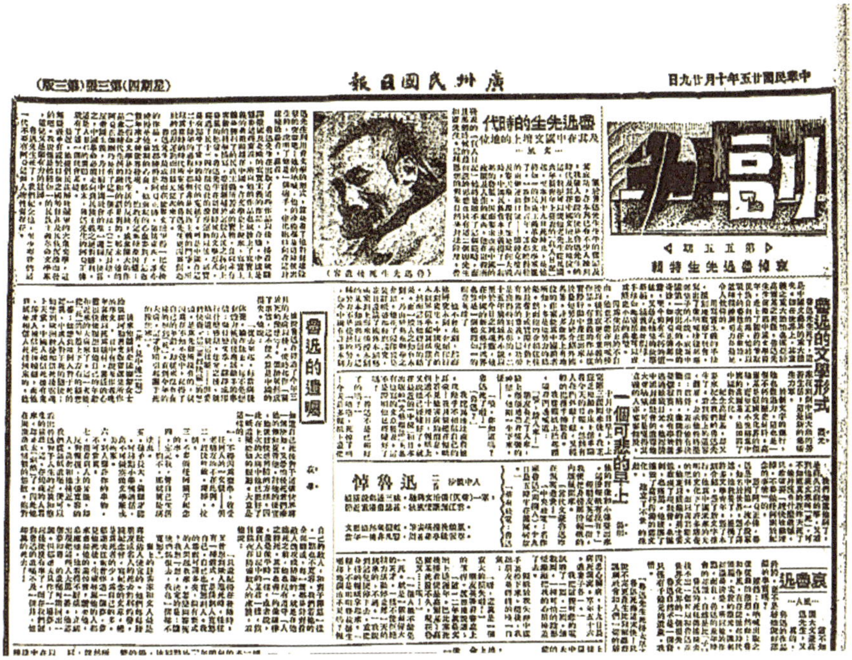
(星期四)第三張(第三版)

廣州民國日報

中華民國廿五年十月廿九日

副刊

第五五期

哀悼魯迅先生特輯

魯迅先生的時代 及其在中國文壇上的地位

魯迅的遺囑

魯迅的文學形式

一個可悲的早上

悼魯迅

哀魯迅

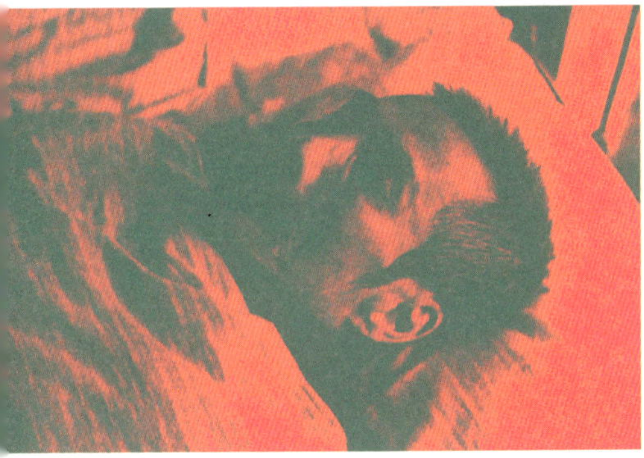
鲁迅遗容(1936 年 10 月 19 日,沙飞摄于上海鲁迅寓所)

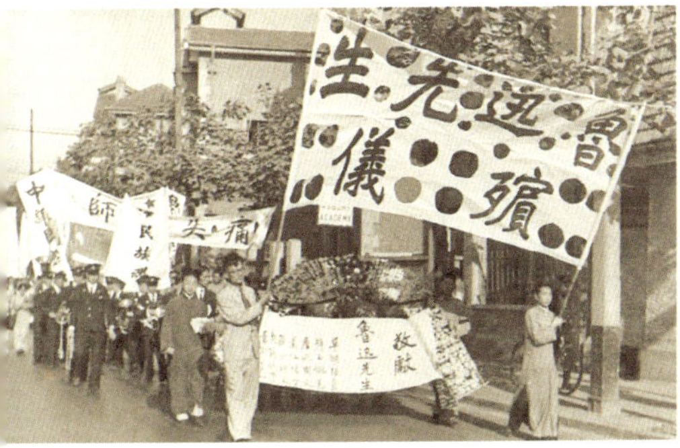

鲁迅葬礼(沙飞摄)

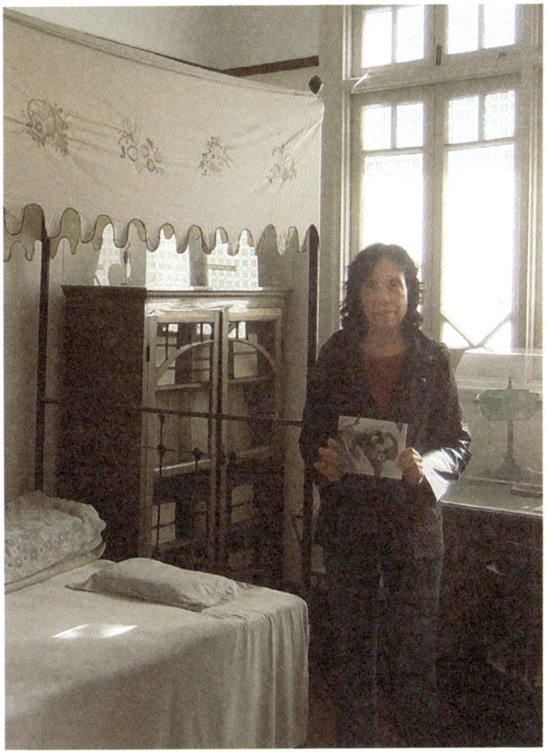
2014 年 10 月,王雁在上海鲁迅故居,沙飞拍摄鲁迅遗容的原址(曹红摄)

件的首次；后来，也正是因为发表鲁迅的照片，他首次使用"沙飞"这个笔名。从此，沙飞这个名字与系列摄影作品《哀悼鲁迅先生特辑》《一代文豪鲁迅先生之丧》《鲁迅先生最后的留影》《鲁迅遗容》一起刊登在各大报刊，声名远播。与此同时，司徒乔画的鲁迅遗容和画像、李桦的木刻《最后的鲁迅先生》等作品，也引起很大轰动。

沙飞拍摄的鲁迅照片赢得了巨大声誉，鲁迅先生成为沙飞的精神导师。沙飞将鲁迅照片的底片装在一个小铁盒中，始终随身携带，生死相伴。1936 年 11 月，沙飞告别上海。短短 3 个月，他经受了人生最重大的一次文化洗礼。求学上海美专的经历，家族与文艺挚友的圈子、与鲁迅先生的缘分，铸造了沙飞的灵魂，也深深地影响了他的摄影生涯。

第三章

在家庭与理想的痛苦抉择中

广州：首次个人影展

　　1936 年 11 月中旬，沙飞从上海乘船回到汕头。

　　王辉很开心，丈夫回家似乎早在她的意料之中，找不到工作，又没有经济来源，自然就会回家。然而，她想错了。她并不知道这短短的 3 个月对于沙飞人生的重大影响，这一次难得的家庭团聚，其实是他正式走向人生大舞台的告别礼。

　　果然，沙飞给王辉看鲁迅先生的照片，讲述在上海的经历，然后告诉她，他天亮后就要去广州，筹备 12 月初的首次个人摄影展览。王辉这才意识到，丈夫还是铁了心要离开家，是摄影牵走了他的心。

沙飞首次摄影展举办地广州长堤基督教青年会原址，左起依次为：王雁、刘深、王平（冷笑摄）

　　此时的沙飞囊中羞涩，但是，倔强的性格让他无颜向妻子开口要钱。来到广州之后，挚友李桦帮他借了一笔钱。

　　1936 年 12 月 3 日至 5 日，沙飞摄影作品展览在广州长堤基督教青年会举行。114 幅作品中，主体部分是 20 幅鲁迅的照片。在第二次影展（1937 年于桂林）专刊《鲁迅先生最后的留影》照片下面，沙飞亲笔题写："我们要继续鲁迅先生的对恶势力毫不妥协的伟大精神奋斗到底"。

　　沙飞在广州影展会刊上写道：

　　　　我学习摄影还未满两年，在这短促的期间中，常常为恶劣的环境所阻，以致中断，不过无论环境怎样恶劣，终不能磨灭我的志愿。因为我觉得摄影是暴露现实的一种最有力的武器，我总想利用它来做描写现实诸象的工具。

摄影是造型艺术的一部分，然而多数人还把它作为一种纪念、娱乐、消闲的玩意儿。这根本忽略了艺术的意义，而使摄影陷入无聊帮闲的唯美主义的深渊里，堕落到逃避现实，醉生梦死的大海中。这是一件多么可怕和可惜的事啊！

现实世界中，多数人正给疯狂的侵略主义者所淫杀、践踏、奴役！这个不合理的社会，是人类最大的耻辱，而艺术的任务，就是要帮助人类去理解自己，改造社会，恢复自由。因此，从事艺术的工作者——尤其是摄影的人，就不应该再自囚于玻璃棚里，自我陶醉，而必须深入社会各个阶层，各个角落，去寻找现实的题材。

然而在这两年中，我毕竟为了职业所限制，未能如愿地去获得所要找寻的题材，同时，表现的技巧也得不到修养的机会。这种束缚便使我感到莫大的痛苦，然而我并不因此而灰心，恶劣的环境只迫成我的抵抗心——加倍地工作，才得到这么可怜的成绩。

个展的筹备只有两个星期。一个没有经验的作者要在这短促的期间中把个展弄到完善，是不可能的事，但是，我愿意不断地耕耘，我更愿意接受观众的宝贵的评判。

二十五·十二·一·于广州

在这篇短文中，沙飞的艺术理想与民族的抗日救亡大业交相呼应，充满青春豪气与战斗激情。从当时广州报刊对沙飞影展的

劳动者（沙飞摄）

回应可以看出，这些评论切中时弊，精准聚焦了沙飞作品的时代意义和社会审美价值。

对于沙飞反映大众疾苦的摄影作品何铁华以笔名"璧子"在《广州民国日报》的评论中写道：

> 每天在冲晒商店门前开着。但我们看到的，几乎没有例外是以风景、静物及裸体为主题。能够（有）意识地用反映在镜头上的社会每个角落里的现实生活为主题的摄影展，似乎还没有。
>
> 那里有你的朋友甚或你自己的命运的对照，从那里会使你同情、憎恨、颤栗，更从那里会启发你的自觉，出路。

黎觉奔在《南国青年周刊》上写道：

> 沙飞先生的摄影工作，可以说是一个很大的改革，把整个的艺术从雅士名媛的小摆设移送到广大民众来了。这里沙飞先生已经把强烈的生命素灌注到摄影艺术去。而也只有这样，摄影的艺术价值才益加显得有其比重。把民众的实际生活有组织的摄出来，那作者所赋予的意义，在文化水平低下的民众是更容易接受的……

50

1936 年 12 月
〇日，倚梅生于《越
华报》"快活林"版
上发表文章《沙飞摄
影会巡礼》

1936 年 12 月 3
日，何铁华在《广
州民国日报》"艺术"
第十四期上，发表
署名"璧子"的文
章《沙飞个人摄
影展》

2014 年 9 月，《寻找沙飞》摄制组在广州番禺采访沙飞七弟司徒彤，右起依次为：王雁、王少军、司徒彤、刘深（冷笑摄）

1926 年参加北伐，1936 年举办首次个展，沙飞在 10 年中从一个小兵成长为青年摄影家，他的成长映照着浓郁而清晰的时代背影。在这次广州影展期间，沙飞的七弟司徒彤给他当帮手。2014 年 9 月，我们在番禺司徒彤家中采访了这位老人。他抚摸着哥哥的铜像，对着镜头回忆往事：

> 沙飞是我的大哥，我们家里八兄妹，我是第七。我很小的时候，一个人去汕头大哥家里读书。路上遇到乞丐，大哥会掏出零钱给他们。他说，这个社会贫富不均，不合理，太腐朽，必须改革，不然，中国人民就不会有希望，你看看，到处都是乞丐。

从小受到大哥沙飞的影响和教育，司徒彤后来参加了中国共产党，离休前在广州番禺当文化局局长，主持编辑出版了《番禺县志》。在我们采访之后不久，传来司徒彤老人病逝的消息，摄制组留下了他最后的影像。

沙飞后来在抗日前线回忆广州影展时写道：

（1936年12月，于广州）举行个人摄影展览（内容是鲁迅先生生前死后的二十余张，国防前线南澳岛的形势及人民生活共二十张，大众生活照片五十张）与广州艺术工作者发生联系。而这影展的一切材料费则是由（上海）美专较前进之同学及名木刻家李桦先生等所借助。

这次的影展，确实是改变了中国旧影展的面貌的，因而获得了许多好评（因为展览会起了很大的作用：A、扩大了鲁迅先生的政治影响、B、南澳岛形势的照片使同胞提高了民族警觉性、C、大众生活照片使观众提高了正义感和对现社会之不满）。

王辉一直关注着广州影展，希望丈夫沙飞办完影展就回家。不料，沙飞不仅没回家，连一封信都没写。于是，她带着儿子赶到广

哭泣的孩子（沙飞摄）

州。为了劝说回家，她不仅和丈夫谈，还找到公公、婆婆，甚至找到丈夫的好友。

在父母和众亲友的劝说之下，沙飞只好和妻子、儿子回到了汕头。

尽管又回到报务员的岗位上重操旧业，但是，沙飞的心早已飞到了更加广阔的艺术天地。他试图努力重新做个安分守己的好丈夫、好父亲，然而，他已经无法再回到过去的生活。他要去追求一种新的人生，否则，他会发疯。妻子王辉的态度已经非常明确：如果沙飞再次出走，面临的就是离婚。既然不能妥协，他选择毅然决然地离家出走。

回到广州，沙飞首先遇到的是经济上的困窘。失去了待遇丰厚的工作，断了生活来源，仅靠发表摄影作品的稿费已经无法维持下去，这是非常严峻的现实问题。其间，有商人愿意出资与他合作经营照相馆，又被他拒绝。走投无路之际，沙飞曾经到香港寻求资助，甚至被迫卖掉照相机，落入穷愁潦倒之境。

此时的沙飞感受到了经济上和情感上的双重压力。刚到广州不久，他给妻子王辉写了一封信。他并非为了事业而绝情的人，而且，他一直认为摄影和家庭可以同时存在，并对现实处境感到苦闷和彷徨，甚至产生了动摇。

对于妻子王辉来说，沙飞离家出走的行为本身就是放弃了养家糊口的责任，她无法再忍受丈夫对家庭的忽视和冷漠。她给沙飞写了一封回信："你再不回来，我就提出离婚。"

多年以后，王辉回忆当年的情景时说，她一次次提出离婚，是因为她深知沙飞身上没有钱，又很爱孩子和家庭，提出离婚只是为了让他回心转意。王辉的想法和做法显然既幼稚又草率。这封回信犹如晴天霹雳，让沙飞受到极大的精神打击，几乎陷入疯狂和崩溃。在摄影事业与民族救亡的雄心壮志面前，他为放弃家

乞讨的盲人（沙飞摄）

庭与亲人而万分痛苦。他曾写道：

> 这矛盾曾经使我动摇过，痛哭过甚至企图自杀过。但是因为随即记起了鲁迅的一言"能生，能爱，才能文"和托尔斯泰的"不要让现实的大海把你毁灭"。于是我才以衫袖揩干了热泪，执起笔来，写下这么八个字"誓不屈服牺牲到底"，然后大笑起来，回了妻子一封同意离婚的信。

【沙飞：《我的履历》（1942 年）】

妻子王辉无法理解他的万丈豪情，让沙飞失望，进而生出怨恨。曾经甜蜜相恋的爱人，被他偷偷改名为"王若冰"称之。沙飞并不知道，"王若冰"也因为他同意离婚的决定而痛不欲生。分隔两地，两人都承受着同样的痛苦，都没想到自由恋爱竟会以离婚收场。

在广州的那段日子虽然短暂，却是沙飞感情最受伤害、经济压力最大的时候。多年之后，他曾经详细记述过这段刻骨铭心的经历：

> 这次展览会却使我在经济上负了一笔也许是永远还不清的债。因为当时我二弟虽然当了医生，但是新招牌，以至入不敷出无力相助。妻子虽也有职业，但她非但不援助，并更轻视我，她认为干下去只有死路一条，因此，便提出了书面离婚来。
>
> 而这时候，一个投机商人却把我作为对象，找我商谈在广州用沙飞两字的名义开一间美术照相馆，他出三万元资本来办，每月给我五百元的月薪。他说用这名

义可以号召全市青年学生来照相……

我的家庭和一切亲友都劝我接受。即使不愿意也可做一年，把债还清了还可有本钱去做自己要做的事业。生活的压迫，妻子的威胁，商人的利诱和自己的矢志不移的愿望发生了极大的矛盾……

天亮后（我）立即就赶乘早车到香港去，请求友人郑未明君（即名木刻家野夫同志，当时他是天一影片公司港厂的布景师）给我以援助。结果就将我的摄影机让给

流浪儿童（沙飞摄）

他而换回了 80 元的港币。再折回广州，以 10 块钱的代价到旧货摊上买了一架破旧但还可勉强使用的 F4．5、1/250 的摄影机。

而这时候适值那商人又来劝诱。但当时我因缺乏修养只凭高度之憎恨，遂当面给了那商人一个无情的耳

57

光。这商人挨打后，就立即反转脸皮，骂我展览鲁迅照片是反动分子，要到公安局去报告。

他走后我想事情不妙了，且将会连累家人（当时我住在家中），迫得出走，但是回沪呢，人家知我来（自）沪滨，码头车站恐有警探，匆忙间乃决计入桂一行，即令母亲和妹妹代焚前进书籍，自己收拾行装，时家人惶惧悲涕，父亲告以今后勿再回家，二弟则摇首无语而别。

【沙飞：《我的履历》（1942 年）】

广州已经不能久留。时代浪潮的拍打、对摄影事业的热爱，使沙飞有了战胜感情痛苦和经济拮据的力量。他没有屈服，没有被击垮。他坚持着、挣扎着，勇敢地向前走。

1937 年年初，沙飞背上照相机，告别广州。从此，他再没有回过广东。

桂林：沙飞第二次个人影展

1937 年 1 月初，沙飞来到广西省会桂林，投靠在桂林第五路军无线电总台担任报务主任的司徒勋。他们既是宗亲，又是老同事和好友。

那正是华北危急、大战一触即发的日子，此时的桂林已经成为一座抗战文化名城。沙飞刚到这里，就在 1937 年 1 月 18 日出版的《桂林日报》上发表了一首充满抗日激情的诗——《我有二只拳头就要抵抗》：

我有二只拳头就要抵抗、
不怕你有锋利的武器、凶狠与猖狂、
我决不再忍辱、退让、
虽然头颅已被你打伤。

虽然头颅已被你打伤、
但我决不像那无耻的、在屠刀下呻吟的牛羊。

我要为争取生存而流出最后的一滴热血、
我决奋斗到底、誓不妥协、宁愿战死沙场。

我决奋斗到底、誓不妥协、宁愿战死沙场、
我没有刀枪、只有二只拳头和一颗自信的心、
但是自信心就可以粉碎你所有的力量、
我未必会死在沙场的、虽然我愿战死沙场。

　　大敌当前，一腔爱国热血的沙飞醉心于摄影报国，已然是奋不顾身，他曾经珍爱有加的家庭也无暇顾及了，以前的好丈夫、好父亲、好兄长、好儿子仿佛消失。他不是忙于外出摄影，就是忙于筹备第二次个人摄影展。

　　1937年6月25日至27日，沙飞在桂林初级中学举办第二次个人摄影展览，作品有百余幅。很多文化名人为这次影展撰写评论。

　　千家驹写道：

　　　　"艺术"在中国本是"文人雅士"专利的东西，所谓"艺术神圣"，或什么"为艺术而艺术"，还不是有闲

阶级的玩意儿。近年以来，"大众艺术"这一口号固然
已有许多人在提倡，然而真能站在大众立场、以艺术为
武器来描画大众生活与表现社会之矛盾的究竟有几个
人呢！

【千家驹：《沙飞先生影展门外谈》

（1937 年 6 月 23 日）】

马宗融写道：

至于他的选材命题，却又无处不寓深意：一面要替
大众写出他们的疾苦，如大众生活的各幅；一面要报国
人以警钟，如南澳岛岛民生活的各幅；而在风景的各幅
中，又把大自然纯美尽量地呈现在我们的面前，让我们
认识它的伟大。

【马宗融：《勉强的几句话》】

祝秀侠写道：

可敬佩的是沙飞先生对于艺术的态度，他从不肯把
镜头滥用在无聊的对象上，他不是如一般"摩登雅士"
把摄影作为消遣，他对摄影是严肃的。他在作品上倾注
他的生命。他对工作的认真，对社会、人生认识的深
切，都可以从他作品取材与技巧上看得出来。

【祝秀侠：《为沙飞先生影展说几句话》】

廖苾光写道：

> 由于这次沙飞摄影展览会中的作品，更足证明摄影在现阶段对于社会所尽职能的伟大。
>
> 在这次影展中，如"劳动阵线"、"生命的叫喊"、"有碍观瞻"、"问是谁的儿童节"等作品，对于社会丑恶之不容情的暴露，若与"美的陶醉"、"小姐的闲情"、"张家小姐白而胖"等对照起来，正可说明在畸形社会的症结。
>
> 而"浪人侵入南澳岛"等帧，暴露敌人谋我之无微不至、无孔不入，更说明摄影艺术在眼前抗敌宣传上有极大的功能。

【廖苾光：《摄影只是消闲的吗?》】

是的，沙飞对摄影的热爱，从一开始就不是小资角度的个人艺术追求，而是与抗日热情和对劳苦大众的关注紧密相连的。他的摄影观念也带着深深的人文情怀。他在一篇描写小作坊工人的文章中写道：

> 那真是一个又肮脏又气味恶劣的工场，那里有四条皮带在那狭窄的小屋子里伸长了头颈似地急转，四部爆铜机器日夜不停地在摩擦，在工作屋子里弥漫着青兰竹布尘埃与铜屑的灰尘，它能使你眼睛都张不开来……

【沙飞：《爆铜工人》(三百六十行)，《国民周刊》
1937 年 6 月第一卷第八期】

因为在上海追随鲁迅先生而热爱版画，沙飞深深理解鲁迅先生推崇版画的意义：这种艺术样式适于教化民众、折射时代精神。沙飞和3个朋友发起成立了广西版画研究会。1937年7月3日，广西版画研究会在乐群社召开首届会员大会，会员有40多人，选举李漫涛为常务干事，沙飞、钟惠若、洪雪村为干事。研究会在《广西日报》副刊每周编发一期《时代艺术》。

卢沟桥事变发生的时间，恰好是沙飞桂林影展闭幕后的第10天。7月17日，蒋介石在庐山发表声明：

> 地无分南北，年无分老幼，无论何人，皆有守土抗战之责任，皆应抱定牺牲一切之决心。

热血沸腾的沙飞毅然决然地选择了上前线。邓初民、千家驹和廖苾光给沙飞写介绍信，叫他去太原的山西国民师范学校找温健公协助。千家驹提议一众教授和好友为沙飞捐款，用于购置摄影器材和胶卷。

卢沟桥事变的爆发，考验着当时每一个青年知识分子的良心。在这严峻的历史关头，沙飞既不是一个鲁莽的武夫，也不是摄影发烧友、文艺青年，而是一个在民族大义面前充满理性精神的战士。卢沟桥事变爆发仅仅一个多月后，他就以强烈的民族危亡意识，撰写了论述摄影与救亡关系的理论文章，提出"摄影武器论"的主张：

> 谁都知道，在国家如此危难的今日，要挽救民族的沦亡，决不是少数人所能做得到的事。因此"唤醒民众"是当前救亡运动的急务……摄影即具备如述的种种优良的特质，所以，它就是今日宣传国难的一种最有力

的武器……

　　摄影在救亡运动上既是这么重要，摄影作者就应该
自觉起来，义不容辞地担负起这重大的任务……将敌人
侵略我国的暴行、我们前线将士英勇杀敌的情景以及各
地同胞起来参加救亡运动等各种场面反映暴露出来，以
激发民族自救的意识……以达到唤醒同胞共赴国难的目
的。这就是我们摄影界当前所应负的使命。

　　【沙飞：《摄影与救亡》《广西日报》之《时代艺术》
第5期（广西版画研究会主编），1937年8月15日】

　　此时，已经没有任何力量可以阻止沙飞的抗日决心，他决定
立即奔赴抗日前线。他要用镜头记录抗日救亡的历史。关于这个
钢铁般的决心，在他后来的自述中有所记录：

　　到桂林后，幸
得进步青年及（广）
西大（学）教授如千
家驹、尚仲衣等同
情与援助（过去不认
识的新朋友），同时
展览照片全都是现
成的，无须耗费金
钱，故影展遂得顺
利地举行。

　　不久"七·七"
事变，我决心立即

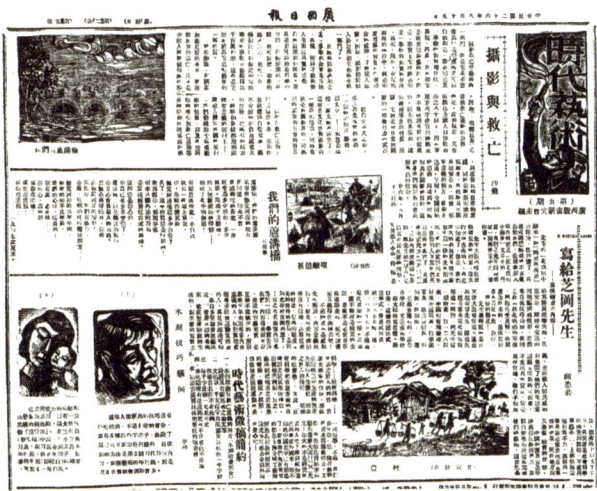

1937年8月15日，《广西日报》发表沙飞的文章《摄影与救亡》

北上至华北战场，收集材料，千家驹、尚仲衣、邓初民
诸先生闻之十分喜欢并热诚地慨然捐助我以不少的路费
和材料费。且还写了许多介绍信给太原、保定、延安、
西安的友人，要给我以援助。

【沙飞：《我的履历》（1942 年）】

第四章
义无反顾走上抗日战场

太原：山西国民师范旧址

1937 年 8 月 30 日，国民革命军第八路军驻晋办事处，正式在山西太原东关坝陵南街 8 号成成中学原址挂牌。曾在成成中学读书，并目睹过八路军驻晋办事处挂牌的 91 岁历史教师韩向荣指认证实，当年"八办"的遗址已经片瓦不存。我们只能在街巷里寻访到一些年久失修的老宅。

青砖建筑的山西国民师范学校旧址如今已经辟为一座纪念馆，位于太原市五一路。它始建于 1919 年，由阎锡山创办，是为山西全省培养小学教师的师范学校。这个保存完好的院落，堪称山西抗日的摇篮。山西牺牲救国同盟会（简称"牺盟会")曾经在这里举办各种抗日训练班,并成立山西青年抗敌决死队,这是山西新军的第一支部队。

这里也是沙飞走向抗日前线的起点。

坐在院子里的木椅上,王雁面对摄影机镜头,平静地讲述沙飞从这里参加八路军的往事:

卢沟桥事变的时候,我父亲在广西桂林。那年(1937年)8月份,他拿着照相机到了华北前线,第一站就到了太原。他是先住在朋友家,然后,他就到牺盟会住了几天。听说这里成立了全民通讯社,社长是李公朴,他就希望在那里工作。李公朴知道他拍过鲁迅后,马上就让他当了摄影记者。刚去全民通讯社两天,传来平型关大战胜利的消息,需要派记者去采访,当时李公朴的秘书周巍峙也很想去,但最后派了沙飞去平型关。

山西国民师范学校旧址(刘深摄)

沙飞曾经在自述中写道：

温健公、宋维静夫妇（宋汉珠提供）

　　我在（1937年）八月底到了太原，住友人温健公家。他劝我放弃摄影，仍做无线电台工作，我则要求干摄影记者工作，并要到八路军中，请其为我作介绍，但他坚持目前电台工作较重要，叫我仍住在他家里，等他的电报，他即往保定去了。

　　我讨厌住在他家里，乃商得宋维静（健公之妻）同意，到牺盟的少年先锋队中住几天，一则探尝军事生活，并看看红小鬼（东征时被晋军所俘虏者），因为从丁玲的那篇《一颗没有出膛的子弹》里，知道红小鬼是非常活泼顽强十分可爱。另一方面又可以拍些新闻照片。

【沙飞：《我的履历》（1942年）】

南茹村：八路军总部旧址

2014年7月22日，雨。

　　我们来到南茹村，走进了一个静静的农家院落。这里是沙飞首次到前线采访八路军的报到地点。

　　1937年9月底，沙飞带着全民通讯社和八路军驻晋办事处的介绍信，来到山西五台南茹村八路军总部。它是八路军总司令部

苏静将军
于 1995 年接受
采访

过黄河后的第一个驻地，在此驻扎 36 天。沙飞见到朱德总司令和彭德怀副总司令。司令部又开了介绍信，介绍沙飞去第 115 师。沙飞在第 115 师驻地见到了林彪和聂荣臻。聂荣臻听说他就是拍摄了鲁迅的沙飞，非常兴奋，立即派侦察科科长苏静陪同采访。

据苏静将军在 1995 年回忆，沙飞是第一个上前线采访的摄影记者，在第 115 师住了两个星期。他们一直住在同一个房间，当时，苏静自己也很喜欢照相。

时任第 115 师骑兵营政治教导员的蔡顺礼将军，在 1998 年接受采访时回忆："我在骑兵营的时候，有一次到司令部见到聂荣臻，正巧沙飞也是那个时候到的。聂荣臻就说，有一个记者要去杨成武那里，你带着他去吧。我和沙飞一起走的，一路上有说有笑。"

1998 年，蔡顺礼将军夫妇与王笑利（右一）、王雁（左二）姐妹合影，背后墙上挂的照片为沙飞所摄《挺进敌后》

平型关村:《长驱直击》组照原址

　　山西省繁峙县平型关村。我们在村口遇到 59 岁的村民王廷廷，他向我们介绍了当年平型关战斗的方位，还告诉我们，那次大捷之后，八路军的部队来到村里驻扎过。

　　平型关村的旧门楼保存完好，正面墙上镶嵌着全国重点文物保护单位的标志。我们惊奇地发现，在沙飞拍摄的老

平型关村村口（刘深摄）

平型关村门楼（刘深摄）

照片左上角，城墙上有两棵小树。如今，这两棵树依然还在，只是长高了、长大了。

在这里，沙飞拍摄了八路军骑兵进入门楼的一组照片——《长驱直击》。关于这组照片的拍摄时间，司苏实先生做了多次考证。他介绍说，摄影学术界原来认定，1937年10月，沙飞第二次来到晋察冀边区。骑兵营当时分三路向平西挺进，沙飞跟随其中一路来到了这里。

根据学者们2015年度的最新考证，沙飞第一次到五台便拍摄了《长驱直击》这组照片。时间大致在1937年9月底10月初，是随南京派遣的电影队一起补拍的。平型关大捷后，国民政府曾专派一支电影队到现场采访。《长驱直击》与电影队所摄的动态画面几乎相同，可以确定是在同一时间、同一地点，相同机位并肩拍摄。

司苏实先生认为："现有史料说明，沙飞第一次前往五台是在平型关大捷之后（1937年9月25日发生平型关战斗；9月26日，消息传到太原），逗留大约两周，可推论时间应在9月27日至10月上旬之间；沙飞再返五台是在太原失守前（11月2日至9日，举行太原战役，太原最终失守）。"1937年10月下旬，娘子关失陷。阎锡山命卫立煌部撤出忻口阵地，回防太原。

沙飞拍摄的八路军骑兵营穿过平型关村门楼，请注意左上角的两棵树

太原吃紧，全民通讯社
准备撤向武汉。沙飞不愿撤
退，再次前往五台。这个时
间，可推论在 1937 年 10 月下
旬。此时聂荣臻正奉命创建
晋察冀敌后抗日根据地（1937
年 11 月 7 日，晋察冀军区在
山西省五台县金岗库成立；11
月 18 日，深入敌后至河北阜
平），遂安排沙飞随骑兵营前
往平西。沙飞在河北涞源插
箭岭、杨家庄拍摄了《战斗在

对比照片：《寻找沙飞》摄制组在沙飞作品同角度
留影，左起依次为：摄影师温晓光、副导演陈一竹、
导演刘深、王雁、司苏实（王华摄）

古长城》系列照片。11 月底，聂荣臻命沙飞速回阜平，批准其参军，并命其为晋察冀军区政治部编辑科科长兼《抗敌报》副主任。12 月 11 日，《抗敌报》在阜平创刊。"

沙飞在回忆采访平型关大捷时写道：

适值日军已迫近保定，国军后撤正定石家庄，而八路军却在平型关打了胜仗，消息传来使我非常兴奋、冲动，但又十分苦恼。在保定两天，又与宋维静折回太原，而全民通讯社周巍峙同志已听说我对摄影有些经验，即来找我要我去当摄影记者到八路军中去。商得宋维静之同意，我即辞去（温）健公方面所将要给予我的职务。

到全民通讯社的第二天，经（八路军驻）太原办事处主任彭雪枫同志之介绍，以记者资格到八路军总政治部，再转往 115 师去收集平型关胜利品等新闻照片和通讯材料，两星期完毕即回太原发稿。

【沙飞:《我的履历》（1942 年）】

插箭岭：烽火台已成残迹

2014 年 7 月 25 日，晴。

下午，我们穿过白石山风景区，出东门乘缆车，行至碧溪，坐缆车下西门，去插箭岭村采访。63 岁的村民韩永明，在白石山风景区兼职清洁工，他介绍说："我们插箭岭很出名，是兵家必争之地，历来就是屯兵的地方。它有三道关，还有三个门——南门、北门、中门，现在就剩两道了，文化大革命的时候拆了。山上面的长城有五个烽火台。"

7月26日上午，韩永明带着摄制组登上了插箭岭长城。我们找到了当年沙飞拍摄八路军阵地前沿指挥所的原址。根据周围的山形，我们又锁定了另外一个角度，正是沙飞拍摄烽火台上八路军哨兵那张照片的机位。司苏实让摄影师王华背着三脚架站在原来八路军哨兵的位置，尽管烽火台已经不见了，但沙飞原作的整个构图瞬间变得清晰起来。

中午，在插箭岭村村委会口的凉亭里，摄制组采访

晋察冀军区第一分区部队穿过战场（1937年秋，沙飞摄于河北涞源插箭岭）

沙飞经典作品《八路军哨兵》

了韩永明87岁的父亲韩理老人，进一步证实了八路军当年驻扎此地的史实。

据司苏实先生考证，1937年10月，沙飞随八路军骑兵营抵达插箭岭，找到了杨成武指挥的独立团。沙飞除了拍摄八路军的行军和调动，还爬到插箭岭后山，拍摄了一组以长城为背景的照片，《烽火台卫士》就是其中之一。为什么沙飞这么重视长城？

八路军在长城上行进（1937 年秋，沙飞摄于河北涞源插箭岭）

八路军占领长城烽火台（1937 年秋，沙飞摄于河北涞源插箭岭）

对比照片：烽火台只剩下了基座（刘深摄）

八路军指挥所（1937 年秋，沙飞摄于河北涞源插箭岭）

因为他亲身感受到了长城对于抵御外寇侵略的象征意义。此后大概两个月时间里，他在插箭岭和孟良城拍了一组至今仍脍炙人口的《战斗在古长城》系列作品。

杨家庄：寻找长城

2014 年 7 月 24 日，小雨转晴。

这一天的计划，是寻找沙飞在河北涞源拍摄的一组反映八路军长城抗战的照片，其中包括《战斗在古长城》《战后检讨会》《八路军在长城欢呼胜利》三张。由于有研究八路军长城抗战的人士曾经来此寻找过，提供了大致方位，因而，我们对此行都感到非常兴奋，毕竟长城抗战这组照片太出名了。

早晨下着小雨，摄制组事先准备了雨具，除了每人穿的雨衣，还准备了几个比较大的雨伞，用来遮挡摄像机。因为前一天非常辛苦，我们出发的时间比往常迟了一些。

从涞源县城北行 40 多公里，驱车到杨家庄镇杨家庄村。上山的路不好走，我们的两部车开到半山腰，遇到一个采石场。在穿过一个涵洞时，小车被一块突出的石头挡住，只好留下两人，剩下一部车继续前行。

凭着以往的经验，上山必须有向导。山路上遇到的村民不多，好不容易找到两个人愿意带路。一个向导叫吕飞，30 岁的小伙子，很腼腆，穿着一身迷彩服，每天骑着摩托车给山上的大型机械送配件。还有一个向导叫付大军，40 多岁，用树枝给我们做了两根拐杖。

吕飞说，他很忙，而且两天没睡好。王雁大姐不由分说，把他推上车，他只好乖乖从命。吕飞告诉我们，我们走的这条山路叫

"甲沟"，上面不远，就是宋代戍边驻军的孟良城古城和长城。从我们停车的采石场到山上的宋代古城，大约 20 分钟山路，路上遇到几个当地的孩子出来踏青，都是十几岁的模样，抢着跟我们合影。

没想到，慈厚的向导吕飞还挺有故事，他的爷爷曾经是八路军机枪手。他听老人说，当年只有 7 个日本兵、一挺机枪，就占领了村子。他们杀了 7 个乡亲，罪名是"抗日分子"。日本兵白天到村里捣乱，祸害百姓，晚上就住在长城上的烽火楼里。后来，鬼子走了，乡亲们就上山拆那些烽火楼，认为这样鬼子就无法住在里面了，所以，我们现在看到的破损严重的烽火楼，并不是自然风化的结果。

临近中午，天早已放晴，太阳很毒辣。到了山上才知道，我们要找的"浮图峪"在对面的山梁上，我们预计的两小时往返时间根本不够。大家带的水太少，又没带食品，我们开始面临严峻的酷暑考验。

路途艰险，走在野长城的城墙上，一片乱石，像独木桥一样。走着走着，向导指引的"浮图峪"还很遥远。吕飞告诉我们"浮图峪"的来历：古时候，山谷中的水上漂来一张图，因此得名。

找到三个烽火楼原址

司苏实老师拿出老照片，和向导一起比对，发现我们身后的山形很像沙飞所摄照片的背景，而对面浮图峪方向的山形完全不同。经过仔细研判，我们决定折返，放弃"浮图峪"，这意味着"浮图峪"这个地名指向是错误的。

我们原路返回，向北走。果然，一路对照着老照片的山形背景，我们兴奋地遥望到一连串的烽火楼。没错，老照片的背景显示，当年沙飞拍摄长城抗战系列照片的地点，就在孟良城长城与古长城的交界处。

司苏实先生拿着《战斗在古长城》的原照和周围环境进行对比。远处山梁的长城上，有门洞的敌楼、无门洞的敌楼，以及高坡上的敌楼都完全一致，从而证实了沙飞的长城抗战组照拍摄地就是这里。找到这个拍摄角度真是令人惊喜的发现，一天的辛苦和疲倦、严重缺水和体力透支都瞬间缓解。

我们最先找到的一个烽火楼，是《八路军在长城欢呼胜利》中的那个，此照俗称"欢呼楼"。当年八路军战士举着枪振臂欢呼的烽火台顶部已经坍塌，只剩下一半高。然而，摄制组的小伙伴们还是兴奋异常，站在上面，按照沙飞的机位角度，拍摄了一张模拟的"欢呼照"，和老照片对比，简直是惟妙惟肖！

挨着"欢呼楼"的那个烽火楼就是"学习楼"——《战后检讨会》的拍摄地。照片上，一群八路军战士围坐在烽火台下，似乎在学习。王雁大姐笑称："原来，沙飞是摆拍的鼻祖。"

寻访沙飞《战斗在古长城》系列作品拍摄地

这时，似火的骄阳几乎蒸发了山岭上的全部水分。我们口干舌燥、精疲力竭，笔者已经出现中暑的症状。王雁大姐把携带的茶水杯里最后一点水递给了笔者。从地形上看，到达最著名的那张《战斗在古长城》的拍摄地还要翻过一道山梁。王雁

对比照片：1998 年，顾棣（右）与王雁在沙飞经典作品《战斗在古长城》原址（严欣强摄）

沙飞经典作品《战斗在古长城》(1937 年秋，摄于河北涞源)

对比照片:《寻找沙飞》摄制组站在"欢呼楼"上(视频截图)

对比照片:如今的"学习楼"(视频截图)

八路军在长城欢呼胜利(1937年秋,沙飞摄于河北涞源)

战后检讨会(1937年秋,沙飞摄于河北涞源)

大姐坚持登顶，她站在沙飞拍摄那幅传世之作的地方大喊："爸爸，68 岁的女儿到你 25 岁拍摄照片的地方来看你啦！"回声在山谷的风中渐渐散去。

据司苏实先生研究，关于这组照片的拍摄时间有两个版本的说法：一个是 1938 年春；另一个是 1940 年，东团堡战斗胜利后。他研究认为，此组照片是沙飞在 1937 年秋

《寻找沙飞》摄制组在长城上（王华摄）

天拍摄的。我们此行最大的收获不仅仅是确认了三张八路军长城抗战照片拍摄的地点、时间，更重要的是，更正了之前对"浮图峪"这一地点的误认。

"浮图峪"应该是"宁静安"

我们在这段长城上看到了"宁静安"的名字，显然是宋代戍边将士在古长城上修筑孟良城并驻守于此，取"平静安宁"之意。实际上，这段长城是当年防御金兵的"内长城"，也就是第二道防线。因此，我们纠正了以往对沙飞长城抗战组照拍摄地的说法，不是"浮图峪"，而应该叫作"杨家庄宁静安长城"。

在孟良城，我们见到了一对牧羊人夫妇。羊群点缀着一片平坦的草地和远处长城的脊梁，这里散落着很多残破的石碑。笔者看到一块石碑的残片，那是记载古城建造情况的碑，碑上刻有很多工匠的名字。牧羊人告诉我们，山谷里有一个"万人坑"，古

对比照片：2014年7月，王雁站在沙飞拍摄八路军机枪阵地作品原址（司苏实摄）

时候很多戍边的外地人死后都被扔在那里。他们背井离乡，成了孤魂野鬼。

下山是更加艰难的路途，而且，我们选择了另外一条山路。后来，我们才发现，那是羊倌儿放羊走的山路，几乎不能称为"路"。我们踏着山涧中的石头一直走到沟底，经

八路军机枪阵地（1937年秋，沙飞摄于河北涞源）

过乱石滩，偶尔会遇到低洼处有一点积水，但是，我们不敢喝；实在饥渴难耐，我们就摘一些野山杏，好吃。向导吕飞告诉我们，下山时经过的地方是云盘沟，山下的村子叫张家庄。

黄昏时分，我们终于走到山下。在山脚下，见到羊倌儿的家，其实就是在羊圈旁边搭了一个简陋的棚子。喝了沁凉的山泉水，好客的羊倌儿夫妇拿出馒头和米饭，我们吃得很香。跑了一天的羊在圈里休息，有的在顶角，有的吃奶，有的匍匐睡觉，有的在观望我们。

临别的时候，几只小羊凝望着我们，仿佛在为我们送行。羊倌儿说，它们知道我们要走了。有一

残破的遗迹，被称为"野长城"（刘深摄）

向导吕飞（后右）和羊倌夫妇（刘深摄）

只小羊一直看着笔者，不停地叫着，那叫声是"妈妈"的声音。笔者心中一阵悲伤，想起天堂里的妈妈，她属羊。我们的车停在张家庄村口等候。碰巧，羊倌儿的妻子回家照料上小学的孩子，摄影师跟随着她，拍摄到她挑水回家的镜头。

长城上的羊群（刘深摄）

第五章
妈妈找回颠沛流离中的孩子

一家四口，天各一方

丈夫走了，似乎再也不会回来。要强的妻子独自支撑起这个家庭。

王辉也是一个热血沸腾的进步青年，她投身革命洪流的时间甚至比沙飞还早。早在1936年冬，王辉就背着沙飞参加了华南抗日义勇军，搞读书会、新文字运动。1937年8月，汕头青年抗敌同志会正式成立，王辉是发起人之一，任理事，当时用的名字是"王玉珠"。1937年9月，她加入了中国共产党。

同月，汕头青抗会组成第155师随军工作队，王辉加入工作队。她穿上军装、剪短头发、扎起绑腿、背起行装，到潮安、揭阳、普宁等县，巡回开展抗日救亡宣传、动员工作。

1938年年初，王辉担任中共汕头市委妇女部部长兼潮汕中心县委妇女部部长，奉命做上层妇女的统战工作。她得到了第155师师长李汉魂的妻子吴菊芳的支持，与国民党汕头市妇女会主任陈瑞莲多次接洽，共同筹备成立了汕头市妇女抗敌同志会。

1938年5月，中共潮汕中心县委机关搬到王辉家中，她的家也曾是县委机关所在地。她既要照顾两个孩子，又要参加抗日工作，自然是非常忙碌。1939年春，王辉接到中共闽粤赣边区省委领导方方的命令，从汕头到香港找八路军办事处负责人廖承志、连贯，并准备去南洋到华侨中进行抗日救国募捐工作，为潮梅地区开展抗日游击战筹集经费。

时局动荡，那时的香港因为处于英国统治之下，被称为"孤岛天堂"。为了让两个孩子的安全得到保障，使她能解除后顾之忧，此行，王辉带上了两个孩子，打算安置到保育院。不料，去香港的船上，儿子王达理因为打架被开水烫伤，保育院拒绝接收。王辉托友人帮忙，治好了孩子的伤，才将他送进保育院。

没想到，香港也于两年后沦陷，保育院的孩子们避难内地。王辉接到过一封信，说这些孩子将转移到贵阳。战火纷飞，身不由己的王辉认为，此生再也见不到两个孩子了。

1939年6月22日凌晨，端午节的第二天，汕头市沦陷。王辉发急电，向中共闽西南潮梅特委、汕头青抗会及各分会报警。汕头青抗会金砂乡分会得知情况后，迅速向保安第5团"借"枪支弹药，它们成了当时潮汕游击队抗日的主要武器。完成使命之后，王辉从汕头先后撤退至桂林、重庆。

至此，王辉和沙飞各自走向抗日前线，一双儿女流落他乡，一家四口天各一方。

1938 年年底，王辉在《星华日报》转载的武汉《新华日报》陈克寒的文章《模范抗日根据地晋察冀边区》中，知道沙飞已奔赴华北前线参加了八路军。她既高兴，也不感到意外。同时，她绝望地认为，两个孩子和丈夫都不会再回到她身边，只有她孤独一人。

王达理的回忆

2014 年 9 月和 2015 年 2 月，笔者两次到广州采访沙飞长子王达理先生，以下是他的口述记录：

> 抗日战争初期，我父亲已经去华北前线了。
>
> 我妈妈在汕头、梅县这一带做党的地下工作，随时可能被捕、牺牲，所以，她没有办法照顾我和妹妹，无奈，把我们送到香港战时儿童保育院。借着方方派她去香港的机会，她此行是去找香港八路军办事处负责人廖承志，联络到南洋华侨中募捐、买武器、弹药，在潮汕地区搞抗日武装斗争。
>
> 这个保育院实际上就是孤儿院，已经有一批武汉失守时被救出来的孤儿。去香港，我记得是从汕头出发，坐轮船。我那时候很调皮，在船上跟一个小孩打架，就被那个小男孩一下子推到开水桶上面，整个一桶开水烫到我大腿和屁股上，都是烫的大泡。
>
> 因为我受了伤，到了香港，妈妈都很迷茫，保育院只同意接收小力（指王笑利——笔者注），要等我伤好

2015 年 2 月，王达理在广州接受采访（刘深摄）

了才接收。我妈妈就去找过去的同学，因为她出生在香港，在香港上过学。她的同学就把我送到医院，我现在还有印象，治疗时，几个人按着我换药，痛得很厉害啊！

等我的腿治好了，进了香港保育院。那时候，条件还不错，特别是后来胡文虎、胡文豹捐资，小孩有五六百，或者六七百人，集中在那里，生活各方面都不错。

王笑利回忆在香港保育院的生活时说：

香港战时儿童保育院原来有三个地方，第一个在元朗，第二个在旧国家医院那里，我们小，在第三保育院，好像在中环那块儿吧。后来，三个保育院太分散了，何艾龄是我们的院长，平常抓这些事，跟八路军香港办事处廖承志他们很有关系，他们找到捐款，准备盖一个新的保育院，把这三个保育院合并，在粉岭盖的，(19) 39 年年底盖完了，40 多个房间，操场都挺大的，40 年年初就搬过去了，二三月份的时候，宋美龄她们还去过。我至今还特别想念何艾龄院长。

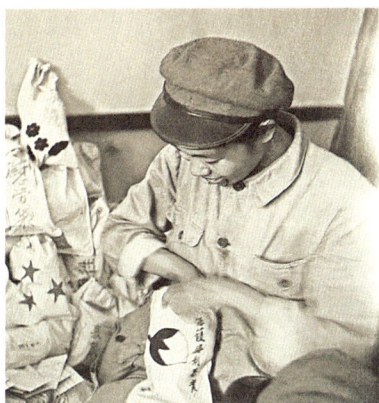

1946 年，王辉在张家口做慰问袋（高粮摄）

2003 年 12 月，在广州，亲友们祝贺王达理 70 大寿。91 岁的母亲王辉喂 70 岁的大儿子。

2012 年 5 月 4 日，在北京国家博物馆举办的《百年沙飞——纪念沙飞诞辰百年摄影作品捐赠展》开幕式上，沙飞五子女留影。左起依次为：王雁、王笑利、王达理、王毅强、王少军。

绝密财务

在重庆八路军办事处，王辉的内部职务是中共中央南方局会计兼出纳，她和机要人员、电台工作人员都在三楼办公。那时的财务工作属于绝密，其他人不能随便进出财务室，对内部人员也严格保密。周恩来、董必武等人用钱，也要在王辉那里写收条，才能支取款项。有几次，周恩来叫王辉到办公室，将友人和海外华侨的捐款交给她当面清点。当时的中共活动经费非常紧张，周恩来经常嘱咐王辉，这些钱来之不易，要绝对保密，更不能被敌人知道捐款人。

当年中共的活动经费基本不存在银行里，多是现金或者黄金，因而，王辉保管的金钱数目不小。她是个非常谨慎、严守秘密的人，每月把账结清，交周恩来的秘书童小鹏审核，之后销毁单据，防止因为敌人突然袭击而泄密。王辉除了保管现金，还有一些必备物品，比如化装外出时需要的各式衣服等等。

周恩来在公开场合穿的一身西装，是他在苏联治伤时做的，裤子早就磨破了。邓颖超找到王辉，要一块布补这条破裤子。王辉觉得周恩来穿得太寒酸了，私下找到警卫员，拿那条裤子做样子，到裁缝店做了一条新裤子。新裤子做好之后，她没敢直接送给周恩来，而是偷偷交给邓颖超。周恩来为此事严肃批评了王辉，责问她为什么动用办事处的经费。王辉解释说，做裤子的钱来自中共中央发给周恩来的营养补贴，不是公款。但是，周恩来指示把营养补贴留给需要的同事。

大海捞针，找回儿女

1940 年年底，王辉从桂林撤退到重庆，路经贵阳时想起，关于儿女下落的最后消息就是贵阳。在贵阳停留的几天里，她很注意看当地报纸，果然看到一条消息：香港孤儿院的孩子到了贵阳。凭着这条消息，她在八路军驻贵阳交通站协助下，千辛万苦，找到了两个孩子。

2015 年 1 月，沙飞长女王笑利在北京回忆这段经历时说：

> 香港的保育院不是光收香港的难民，好多武汉的难童几百人也送到香港，我们也送到香港，所以后来，我们在香港一共待了一年多。盖了半年的新保育院，到 1940 年 6 月底才举行开幕典礼，然后七八月份就撤退，因为那个时候日本人已经占领广州了，英国侨民也开始撤退了。
>
> 日本要进攻香港，这么一来，（收留）我们那些难童的保育院也就没法活了，所以，保育会就命令香港保育院撤退到内地。大大小小的孩子，当时我 5 岁，还有好多两三岁的，有的是雇人挑的，反正是坐船、步行什么的。我记得，离开香港是从码头坐船，是东江纵队护送的。
>
> 我们是分三批撤退的。半年以后，我们才到达桂林，后来到贵阳。
>
> 最巧的是在贵阳，我妈妈正好从桂林撤退到贵阳，说看看有没有自己的孩子，结果去看了以后，正好我哥哥和我在那里。当然你想，经历了半年多的逃难，那个时候又是鼻涕，又没有衣服穿，大冷的冬天，就坐在稻草上，睡在稻草上，像个叫花子，但总算是有命活下来。

2014 年 9 月，摄制组在广州采访王达理，他回忆了从香港回到内地避难的经历：

逃离香港

战事吃紧，我们分三批撤到内地，年龄大的第一批，我们是第三批，那是 1940 年夏天。我那时候大概六七岁吧，还有比我小的，一两岁的都有。

后来保育院的一个老师给我们回忆，是从香港经过深圳，到了惠州的淡水，从那里坐车又步行，年龄小的小孩由妇女装到筐里挑担，我们能走就走一点，撤回内地的路确实很艰难。然后坐船到韶关，在难民所住了一段时间，每天只有两顿稀饭吃。日本飞机经常来轰炸，飞机来了，老师就带着我们躲到树林里。

避难桂林

后来就到了桂林，是坐汽车还是怎么去的，记不清楚了。只记得在桂林住在一个空荡荡的房子里，那房子还没盖好，门窗都没搞好。

住处紧挨着一片坟地，在那个地方住的时间比较长。白天，我们就到坟地去跑啊玩啊，捉蚂蚱，然后烧着来吃。晚上，大家就睡在地下，没有床啊铺啊，铺上保育院带来的毯子和被子，大家在一起讲鬼故事。一天一天就这么过。

在桂林那个地方，我们保育院的东西还被盗过，盗走了毛毯啊、衣服啊这些东西。在那样的环境下，我们身上都长了疥疮，眼睛都是沙眼、发红，个个都是这样，因为互相传染。没地方洗澡，没地方换衣服，没有那个条件，所以，在桂林过了很长一段艰苦生活。

贵阳的小"叫花子"

后来，接到通知撤到贵阳，时间大概是（1940年）11月份。到贵阳，天气已经很冷了。我们穿着单衣，没有棉衣、棉被，晚上冻得够呛。我们穿的衣服破破烂烂，到街上人家一看，比小叫花子还惨。我记得我们几个小孩去河边，用河里的水洗洗脸。

不管怎么样，总算撤到了大后方贵阳。碰巧的是，这个时候，我妈妈也路过贵阳，即将从那里撤退到重庆。她本来在桂林八路军办事处工作，大概半年多时间，在李克农手下。但是，她没想到我也到过桂林，还向李克农提出来，要求廖承志撤退的时候把我和妹妹带回来。李克农说，廖承志自己都顾不过来，你的孩子也很难办。

意外相见

妈妈是在当地的报纸上偶然看到香港保育院撤到贵阳的消息。她找到贵阳八路军交通站站长袁超俊，袁超俊带她一起找到了我们。当时，我们这批保育生住在一个天主教堂里边，这个楼已经被轰炸得有些破损。

妈妈找到我和妹妹，当时母子相见那个情景真是很伤感。妈妈看到我们以后痛哭流涕，后来就通过袁超俊打电话给重庆八路军办事处，请示周恩来。周恩来批准把我们接出来，带到重庆去。

真是冥冥之中的天意巧合。当时，妈妈在贵阳只有两天时间，因为要随办事处一起撤到重庆，不得不先走，就把我们交托给袁超俊。袁超俊就把我和妹妹从保育院接出来，住在他家里。他白天上班，晚上还要给我们洗身上的疥疮。满身的疥疮、溃烂，这些我都有印象。

在战火纷飞的年代，这样的寻找犹如大海捞针。王辉与孩子们相见时都泪流满面。王辉后来回忆说，见到两个孩子时已是

1940 年 12 月。大人都已经穿棉袄了，孩子们穿的还是单衣，身上生满了疥疮，她非常心痛。但当时，王辉无法亲自带儿女回到重庆，只能委托八路军交通站把孩子接到重庆。

奔赴延安

王达理在回忆从重庆到延安的往事时说：

> 后来，我们就跟袁超俊和贵阳八路军交通站，一起撤退到重庆八路军办事处。因为那时蒋介石下令，除了重庆保留八路军办事处，国民党统治区其他地方一律不保留，所以，桂林和贵阳的八路军办事处不得不撤走。

> 撤到重庆已经是冬天，八路军办事处给我们换上了

1944 年，王达理（左）、王笑利兄妹在延安

棉衣，也就是八路军的灰布军装。军装那么大，套在身上就那么穿。办事处有个医务所，有个姓邓的医生给我们治疗，把我们的疥疮和眼睛都治好了。

在重庆住了几个月，因为皖南事变以后的形势变化，中共中央决定把重庆八路军办事处的干部和家属送往延安。我们这一批，我记得是100多人吧，有大人、小孩，好像当时是5部汽车，还有一辆小货车。带队的是被国民党授了军衔的少将，叫边章五。

撤往延安的过程也有不少麻烦，国民党部队百般刁难。好像是到了陕西的一个县，具体地点，我就说不清楚了，当时就把我们从汽车上赶下来，不给我们饭吃，搜查大人以后，又要搜查我们，还要脱裤子检查，故意刁难要搜什么秘密文件啊，这个那个的。

我妈妈要留在重庆工作，就把我们托付给欧阳山的老婆，叫草明，让她多照顾我们，所以，在路上还算好一点。反正每天坐汽车行军，又遇到国民党部队刁难，走了个把月，到延安已经是1941年的春天。

王笑利回忆：

到了延安后，我们俩是被组织分配。因为妈妈没在，哥哥在延安保育院小学部，我还在延安保育院，"保小"在安塞，我们就在延安。过了年吧，我到了学龄，延安保育院就把我们一批孩子由老师送到"保小"，坐着马车去的。我上了两三年学，哥哥还稍微多了点。这个时候，我妈妈从重庆到了延安。

沮丧的日子

1942 年下半年，王辉患了肺结核病。病中的她，看到延安八路军军政杂志社出版的《抗战中的八路军》，以及《晋察冀画报》创刊号，其中很多来自华北前线的照片署名"沙飞"。这让她百感交集，觉得当初坚决反对他搞摄影，甚至以离婚相要挟，确实很失当，也许真的是自己错了。

病榻上的王辉第一次感到软弱，也为丈夫和儿女的长期失散而悔恨与愧疚，对生活、对前途几乎失去信心。邓颖超看到她情绪低落，主动跟她聊天，鼓励她坚强地战胜疾病。王辉向邓颖超吐露了埋藏在内心深处的苦闷。邓颖超劝她，既然沙飞也参加了革命，如果他现在还没成家，就可以恢复关系。邓颖超的鼓励让王辉的心情轻松了很多，经过一段时间休养，她重新建立了寻找沙飞的信心。

王辉曾经在《我的自传》中写道：

> 抗战后，听说他到华北，现在晋察冀，改名沙飞，在画报上常常看见他的摄影；我们过去的离婚，不是为了什么了不起的事，我对于他的爱没有完全消灭，听了他进步，我甚快活安慰，认为我过去没有爱错人，我常常默祝他进步、健康、幸福。

1944 年 3 月，王辉从重庆调往延安。此时，她的两个孩子已经先期到达那里。此行，她还有一个特殊的使命，就是携带数百万元的捐款。临行前，她在清理账目时发现少了 1 万元法币。对于一向小心谨慎、从无差错的王辉来说，这个差错让她焦虑万分，反复查账均无法对账，只好向领导报告，并主动要求上级给予处分。她表示，到延安后，一定通过自己的劳动所得还清这笔差错款。

在延安期间，王辉一直惦记着重庆对账时发现 1 万元差错账。她通过纺纱等生产劳动，甚至还变卖衣物，凑够了这笔钱。1945 年 5 月，在离开延安之际，她去向周恩来、邓颖超夫妇辞别。当时，邓颖超不在，王辉把相当于一万元法币的陕甘宁边区币，交给周恩来。周恩来告诉她，重庆八路军办事处已经查找到那个差错的原因，有一笔捐款实际上少捐了 1 万元。最后，王辉还是把这笔钱当作党费交给了周恩来的秘书李金德。

第六章

镜头就是战斗的武器

金岗库与普济寺

2014 年 7 月 22 日，细雨绵绵。

摄制组的路途越来越艰难，汽车行驶速度很慢。山西省五台县金岗库乡，副乡长杨雷带我们来到晋察冀军区司令部旧址。在这个小院落里，沙飞拍摄了《救亡日报》记者叶文津采访聂荣臻与白求恩的照片。作为照片背景的房子还保存完好，如今已开辟成纪念展室。时空移换，物是人非，只有这三个人自然的神态成为凝固的历史画面。

雨中的普济寺大门紧闭，只开了一个小门，地处偏僻，正是佛门静心之所在，少了喧闹。1937 年 11 月 7 日，晋察冀军区举行成立大会，选这里作为军区司令部驻扎之地，因为隐蔽而安全。

五台山：《和尚连抗日》组照原址

2014 年 7 月 23 日，连日微雨，多了泥泞，减缓了汽车行驶速度，尽管少了暑热，心情还是因为急切而纠结。电视连续剧《烽火五台山》编剧惠梦女士陪同我们，去采访五台山佛教协会副秘书长韩降根先生。

聂荣臻（中）、白求恩（左）、叶文津对谈（沙飞摄）

韩降根先生说："在过去的年代，富人家不让孩子出家，都是穷人家的孩子才出家，留在家里也没有活路。如果家里有三个儿子，就一个当和尚，一个当喇嘛，一个留在家里。抗日刚刚开始的时候，聂荣臻司令员来到五台山，动员和尚参加抗日，国难当头，脱下僧衣，穿上军装。"

谈起沙飞之死，韩降根先生的夫人韩培芳一直

对比照片：王雁与杨雷（右）在沙飞所摄照片原址（刘深摄）

《寻找沙飞》摄制组在山西五台山采访，左起依次为：惠梦、王雁、怡观师傅、韩降根、韩培芳（刘深摄）

感到愤愤不平。她认为，日本鬼子杀了那么多中国人，谁偿命了？沙飞打死日本医生是有原因的，这个原因就是日本侵略者给他造成的心理伤害。

84岁的显通寺老和尚怡观师傅，俗名张金贵，五台台怀人，8岁出家。看着我们提供的老照片，他仔细辨认着照片上的背景，慢慢地向我们讲述青年僧人组成五台县人民自卫队，参加抗日的历史。他的哥哥就参加了八路军，当时才十几岁。

在沙飞拍摄的一组照片中，最容易辨认的就是以白塔为背景的一张自卫队队员合影，我们在几乎完全相同的角度拍下了对比照。

沙飞曾经回忆：

沙飞拍摄五台山和尚莲抗日经过

> 不久太原危急，国军主力南撤了，但闻八路军将留下少数游击部队，在五台山打游击，并创造抗日根据地。我遂又回到五台山来，找到了聂（荣臻）司令员介绍到杨成武支队去收集材料。

【沙飞：《我的履历》（1942年）】

山西五台县人民自卫队（1937 年 11 月，沙飞摄于五台山）

和尚站岗（1938 年，沙飞摄于五台山）

刘深和怡观师傅（左）一起研究沙飞作品拍摄原址（温晓光摄）

对比照片：《寻找沙飞》摄制组副导演陈一竹为寻找老照片的角度试镜
（刘深摄）

杨成武将军在 1995 年接受王雁访问时回忆："当时，沙飞就跟着我，一直向敌后挺进。我给他一个马，他不会骑，我就派一个马夫跟着他，保护他。"

杨成武将军回忆沙飞

阜平县城：晋察冀军区司令部驻地、《抗敌报》创刊地

2014 年 7 月 27 日，酷热。

上午，我们在酷暑中抵达河北省阜平县政府，这里也是抗战期间晋察冀军区司令部所在地。当年的门楼已经不复存在，只有原来门前的两个石狮子还留在原位。就在原来的门楼前面，沙飞拍摄了聂荣臻会见美国驻华武官卡尔逊① 的照片。

阜平县政府旁边 200 米左右，是阜平职业技术教育中心。此处就是 1938 年 1 月晋察冀边区党军政民代表大会旧址，也是晋察冀边区人民政府的诞生地，目前是全国重点文物保护单位。旧址是一排砖瓦建筑，对比沙飞拍摄的边区党军政民代表大会全体代表合影，依然可以看出当年的轮廓。

沙飞拍摄晋察冀边区抗日民主政权建设系列作品经过

---

① 埃文思·福·卡尔逊，1896 年出生，曾任富兰克林·罗斯福总统的侍卫官；抗战前，两次到中国；1937 年 7 月，作为美国海军陆战队军事观察家、美国驻华使馆武官再次来中国；1937—1941 年间，受罗斯福总统委托，将在华见闻写信直接向罗斯福总统报告。卡尔逊是第一个到延安的西方国家的军官。他于 1938 年两次到华北敌后抗日根据地考察。毛泽东、朱德、贺龙、邓小平、聂荣臻等人会见了他。美国对日本宣战后，卡尔逊遵照罗斯福总统指示，组织"卡尔逊突击队"，参照八路军的游击战经验，袭击日军占领的岛屿，晋升准将。1947 年 5 月，卡尔逊病逝，葬在华盛顿的阿灵顿公墓。在美国，有以卡尔逊夫人为名誉主席、以查尔斯·格罗斯曼为主席的埃文思·福·卡尔逊中华人民共和国之友社。

河北阜平县政府（沙飞摄于1938年）

聂荣臻（前右）、翻译周立波（卡尔逊身后穿大衣者），陪同卡尔逊（前左）走出阜平县政府前往晋察冀军区司令部（沙飞摄于1938年）

对比照片：2014年7月，刘深在阜平县政府门前。当年的一对石狮子还在。旧门楼已荡然无存，被新的县政府大楼取代（司苏实摄）

1938 年 1 月，敌后第一个抗日民主政权——晋察冀边区政府河北在阜平正式成立。图为晋察冀边区党军政民代表大会全体代表留影。（沙飞摄）

王雁大姐告诉我们，《抗敌报》①就创刊在阜平县城里的文娴街。这条街现在改名为中兴街，当年的一条小街已经变成了车水马龙、熙熙攘攘的大街，只是当地人也很少知道这段历史。《抗敌报》在此创刊，晋察冀军区政治部主任舒同兼社长，沙飞任副社长、总编辑。

沙飞在 1947 年填写的《干部登记表》上记载：

对比照片：晋察冀边区党军政民代表大会全体代表大合影就是在这里拍的（刘深摄）

何时何地参加本军？怎样参加的？

1937 年底在阜平自动参加的，我是全民（通讯）社记者，聂（荣臻）司令电杨成武将军告我来帮助办抗敌报。

---

① 《抗敌报》由晋察冀军区政治部抗敌报社编辑出版，1937 年 12 月 11 日在河北省阜平县创刊，1938 年 4 月升格为晋察冀边区党委机关报，邓拓为社长、总编辑，后成为中共中央晋察冀分局机关报。1940 年 11 月 7 日改名为《晋察冀日报》

在本军中担任过何职务？

1937 年底担任抗敌报社付（副）主任，宣传部编辑科科长，1939 年（任）摄影科科长。

【王雁：《我的父亲沙飞》】

据王雁所著《我的父亲沙飞》描述：

1937 年 11 月，聂荣臻给正在杨成武部队采访的沙飞去电，催他回军区。12 月，沙飞在河北阜平正式参加八路军。沙飞是抗战时期第一个到华北晋察冀军区参军的知识分子，他将自己的事业和生命与伟大的民族解放事业连在一起。

聂荣臻破格提拔、重用非共产党员沙飞，任命他为晋察冀军区政治部编辑科科长兼《抗敌报》社副主任（即副社长），主持工作，舒同兼主任。沙飞满腔热忱地投入新的工作。

12 月初，晋察冀军区政治部《抗敌报》社成立。《抗敌报》社址与政治部同在阜平南关文娴街赵家大院后院的三间北房，司令部在东边隔壁一位姓刘的房东家里。两个后院开了个便门，司令部、政治部往来方便。

在聂荣臻指示下，舒同与阜平

舒同题写的《抗敌报》报头

县"民族革命战争战地总动员委员会"主任王平协商，决定把县办《抗敌》油印小报及人员移交政治部。从部队抽调两名战士，县里提供一台石印机，还以每月6块大洋租用竹兴书局一台石印机及李志书等两名技工。4个人、两台石印机、一把裁纸弯刀组成了"政治部石印组"，负责印刷《抗敌报》。

《抗敌报》是晋察冀军区的党报，由聂荣臻直接领导。晋察冀的共产党组织和八路军，把这个报作为思想战线和新闻战线上对日寇作战、宣传动员武装群众的一面旗帜。它要成为坚持敌后游击战争、建设根据地的舆论工具，共产党联系群众的一条纽带。

《抗敌报》（陈春森提供）

沙飞从没编过报纸，但他尽最大努力，办好这份报纸。他亲力亲为，组织几个编辑奔波、组稿、编辑。每篇稿件都经过聂荣臻、舒同审查。石印组工人不分昼夜试印报纸。

1937年12月11日，晋察冀军区《抗敌报》正式创刊，舒同为该报题写报头。开始《抗敌报》稿件来源少，只有几个编辑兼记者去采访，少量通讯员供稿，选用（国民）政府中央社和苏联的广播稿。

主持晋察冀省委党刊《战线》编辑工作的邓拓，是

《抗敌报》的主要撰稿人之一，沙飞与邓拓关系相当密切。当时物资奇缺、经济困难，用的是黄毛边纸，出石印三日刊，四开单面、两个版，发行1000份，靠军邮和地方抗日动委会沿村免费赠送。

从1938年1月20日12期起，改为新闻纸、扩成四版，有社论、通讯、专刊、漫画等，形式多样，报道及时，使读者耳目一新，发行量逐渐增加。1月24日起增出一份周刊《抗敌副刊》，只发军内，内容是八路军的生活和作战经验，专门指导军事斗争，不久改为《抗敌三日刊》。

初创的《抗敌报》尽管幼稚，但忠实地反映了晋察冀边区军民英勇抗战、艰苦创建根据地的精神。沙飞作为《抗敌报》创始人，从创刊号到1938年2月的报纸，是他主编的。他之后是越南人洪水，沙飞仍当记者兼编辑。他5月调离《抗敌报》后，因病休养两个月。他为这份报纸的创办与发展呕心沥血。

1938年4月，《抗敌报》从晋察冀军区政治部划出，成为中共晋察冀省委机关报，邓拓任主任。1940年11月，《抗敌报》改名为《晋察冀日报》。1948年6月，《晋察冀日报》与晋冀鲁豫边区的《人民日报》合并，在石家庄出版《人民日报》。1949年1月迁至北平出版。同年改为中共中央机关报，即今天的《人民日报》。

《抗敌三日刊》后来改名为《子弟兵》报，一直由晋察冀军区、华北军区及北京军区政治部领导，即为今天的北京军区《战友报》。

张致祥夫人伊之告知：80年代末我们把《晋察冀日报》史写好后，拿去给聂帅看，在代笔的前言中，聂

卡尔逊在河北阜平西庄村向八路军演讲（沙飞摄于1938年）

卡尔逊受到八路军官兵热烈欢迎（1938年，沙飞摄于河北阜平）

美国合众社记者何克（英籍）观看八路军缴获的日军文件。左起依次为：聂荣臻、翻译刘柯、何克、邓拓（沙飞摄于1939年月）

美国合众社记者何克在晋察冀边区军政民抗日拥蒋大会上讲话（沙飞摄于1939年5月）

晋察冀军区无线电技术高级训练班成员，听来自燕京大学的英籍教授林迈可先生讲课（沙飞摄于1942年）

帅当面亲自用铅笔加写了几个字"沙飞、洪水、邓拓等同志先后领导过这份报纸的编辑出版工作。"聂帅记着沙飞。

海会庵：抗敌报社旧址

2014 年 7 月 22 日，雨中的海会庵，远远望去，在一座小桥延伸的视野中，它的红墙在绿色山峦的映衬中格外显眼。这里是抗敌报社旧址。在战火中诞生的《抗敌报》，为躲避日军"搜剿"，不得不从创刊地阜平县城迁至这里。

海会庵十分安静，甚至见不到香客和游人。我们在墙上发现当年八路军留下的抗日宣传画，可惜风化很严重，只能凭着依稀残留的颜色和线条来辨认。管理者说，因为没有维护经费，这些残存的画没有任何保护措施。我们一行人在此久久驻足，带着无奈与遗憾的心情，将这些珍贵的残迹摄入镜头。

据司苏实先生介绍，1938 年 3 月 6 日，日军占领阜平，晋察冀军区移至五台山金岗库，晋察冀边区政府移至石咀以东的台露寺，《抗敌报》则在大干河村海会庵。4 月份，《抗敌报》划归晋察冀边区政府，邓拓接任《抗敌报》主任。直至 9 月份日寇进占五台，《抗敌报》才离开海会庵，迁往平山县土楼子村。晋察冀军区从金岗库东移至蛟潭庄。

"海会庵"在《晋察冀抗日战争时期大事记》的记载中为"海慧庵"，一字之差的原因不得而知。我们离开海会庵之后，墙壁上那些斑驳的抗日宣传画，仍在眼前久久不肯散去。

松岩口村：白求恩模范病室旧址

2014 年 7 月 22 日，我们离开南茹村，下午到达五台县松岩口村时，下了一上午的小雨已经不知不觉地停了。

白求恩模范病室旧址的院子大门紧锁，正巧，一位老人从远处走来。这位老人就是掌管钥匙的，叫裴贵清，87 岁。得知我们是专门来拍摄白求恩的事，老人非常高兴。他说，他对白求恩的印象很深。当时，他来的时候有 3 个骑马的，两个是外国人，乡亲们都称他们是"美国医生"。

院子里有一棵古树，一端是一个露天舞台，正中有一尊白色的白求恩塑像。裴贵清老人先带我们来到当年的手术室，沙飞正是在这里拍摄了白求恩做手术及其单人组照。房间里

雨中的海会庵（刘深摄）

海会庵墙壁上，当年八路军留下的抗日宣传画（刘深摄）

白求恩（左）用樱桃逗村中小孩（1938年9月，沙飞摄于山西五台松岩口村）

对比照片：白求恩住所旧址（刘深摄）

的手术台还按照原来的样子摆放着。裴贵清老人指着窗户说，那时，孩子们好奇，总是趴在窗户上往里面看，影响工作。白求恩不好意思发脾气，还给孩子们糖吃。

院子里的三间正厅，原来是松岩口村的龙王庙。为了把它们改建成"模范病室"，白求恩亲自绘图纸，指挥泥工、木工改装房子，又指导木工、铁工和焊工制作各种医疗器械与设备。手术室经过消毒，在东面两间做手术，西面一间放药品和器械，中间用白布隔开，整个手术室的四周和顶棚都罩上白布。这个手术室虽然极其简陋，但在整个晋察冀军区，这是第一个真正的手术室。

两间耳房原来是财神庙，被改建成医务室。白求恩制定了医务制度，给医生、护士及护理员规定了个人职责，不允许对伤员

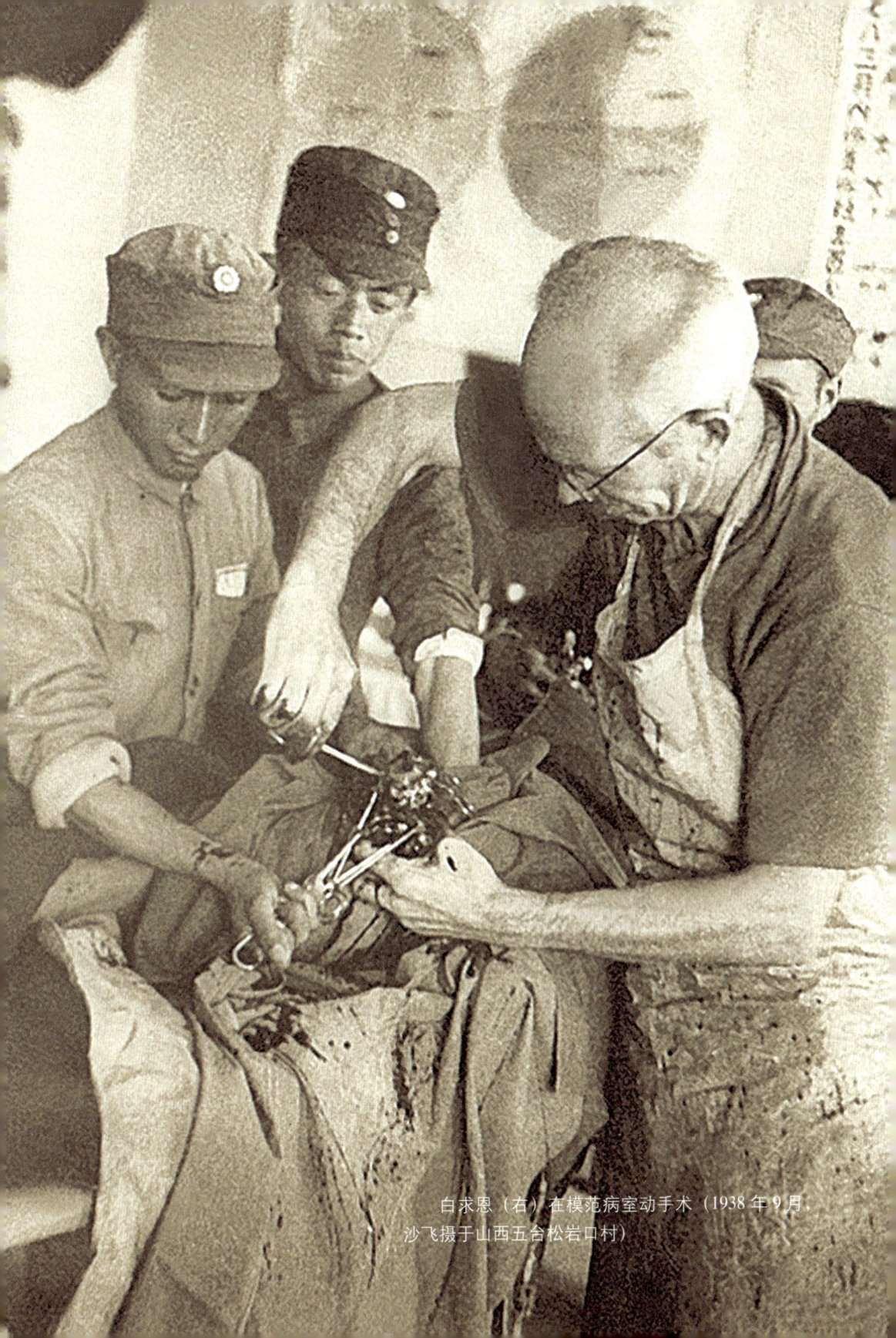

白求恩（右）在模范病室动手术（1938 年 9 月，
沙飞摄于山西五台松岩口村）

白求恩模范病室由龙王庙改建而成（刘深摄）

举行白求恩模范病室开幕典礼后，白求恩与到会
合影。右起依次为：叶青山、娄凝先、潘自力、宋劭
白求恩、邓拓、聂荣臻、胡仁奎、董越千。（1938年9
沙飞摄于山西五台松岩口村）

对比照片：手术台摆放的位置和当年一样
（刘深摄）

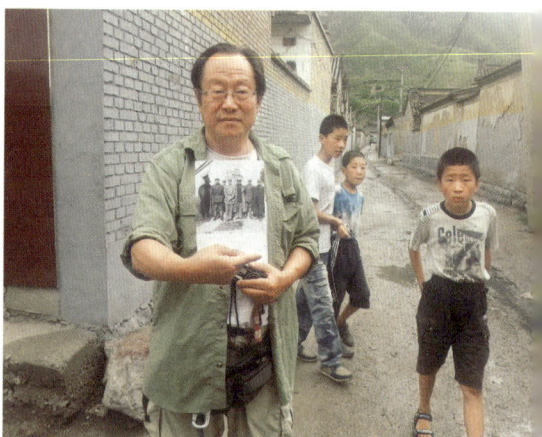

对比照片：我们找到了当年这幅合影的原址，地
的排水沟还没变。（刘深摄）

有丝毫疏忽。在日军的封锁下，药品和器械的来源非常困难。为
此，白求恩想了很多土办法：没有凡士林就用猪油配药膏，做成
油纱布；自制石膏和绷带；用刮脸刀片代替手术刀；用竹签、废棉

白求恩（左）与自卫队队员李富丑（1938
月，沙飞摄于山西五台松岩口村）

李书怀夫妇在白求恩模范病室旧址，展示当年
白求恩与其叔父李富丑的合影（刘深摄）

白求恩（前排左三）在白求恩模范病室开幕
上（1938年9月，沙飞摄于山西五台松岩
）

白求恩在模范病室开幕典礼上讲话（1938年9月，
沙飞摄于山西五台松岩口村）

对比照片：露天舞台上的白求恩塑像。举行白求恩模范病室开幕典礼的舞台所在院子，后被日军烧毁，仅残存老松树及门牌楼。现址为国家文物局在1974年拨专款依原样重新修复。（刘深摄）

球代替探针；用竹片代替镊子。

裴贵清老人紧紧盯着窗户上挂着的白布窗帘，喃喃自语说：白求恩和乡亲们的感情很好。他说他喜欢这里，一定会回来，可是走了以后，再没回来。裴贵清老人又说，白求恩除了给受伤的八路军治病，也给老百姓治病，他亲眼见过白求恩给一个妇女和一个老汉做手术。白求恩和医院转移后，日本鬼子来到这里，就把房子烧了。

据史料记载，当年白求恩模范病室举行开幕典礼的时候，聂荣臻司令员等人亲自赶来参加，沙飞拍摄了很多照片。我们在村里一个路口，找到了当年一张合影的原址。在照片的背景中，有"中正街"和"朱德路"的字样，地面上的排水沟几乎没变。

村民告诉我们，《白求恩与自卫队员》那张照片上的自卫队员叫李富丑。他的继子李书怀现在已经70多岁了，是李富丑哥哥的儿子。李书怀夫妇陪着我们去找白求恩住过的老房子。在白求恩住过的房前，我们留下了一组镜头。

黄石口村：白求恩逝世地

河北唐县黄石口村，1939年11月10日，八路军战士和乡亲们抬着为战士做手术感染后病重的白求恩来到这里。

在一个小院落里，我们走进了当年白求恩最后住过的那间屋子。

白求恩就在这里写下他的遗嘱。目前，白求恩的英文遗嘱原稿下落不明，部分中文译文刊登于 1940 年 1 月 4 日出版的《抗敌三日刊》（即 1939 年 11 月 11 日，白求恩写给聂荣臻司令员的信），以这种方式留存于世。在这个遗嘱里白求恩提到，把他的行军床、鸭绒被

白求恩晒日光浴（1939 年，沙飞摄于河北唐县）

白求恩在唐河裸泳（1939 年，沙飞摄于河北唐县）

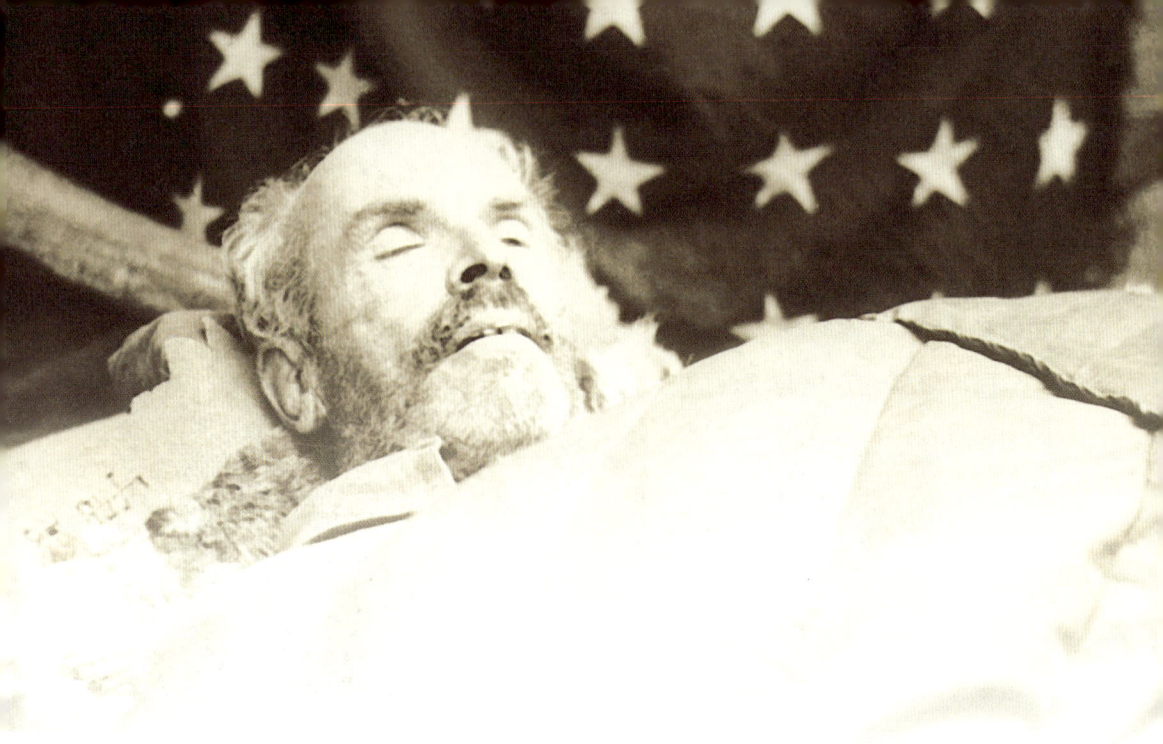

白求恩遗容（1939 年 11 月，沙飞摄于河北唐县）

送给聂荣臻，把照相机送给沙飞……

写下遗嘱两天之后，白求恩在这里病逝。沙飞闻讯立即赶来，拍摄了一组白求恩遗容。日军开始"扫荡"后，老乡们就抬着白求恩的遗体转移；后来，晋察冀边区为白求恩举办了隆重的追悼大会。那些场景，都被沙飞用照相机记录下来。

沙飞曾经为白求恩拍摄过很多照片，不仅有工作照，甚至还有白求恩赤裸上身躺着晒太阳的照片、全身赤裸游泳的照片，可见他们之间感情之深。沙飞用照相机镜头记录的白求恩遗容、白求恩追悼大会盛况、聂荣臻向白求恩遗体告别等照片，令人想起沙飞当年拍摄鲁迅先生的往事，同是相知挚友、感情至深，可以想见沙飞内心是怎样的黯然神伤！

沙飞拍摄加拿
大医生白求恩系列
作品经过

白求恩灵堂（1939 年 11 月，沙飞摄于
河北唐县）

白求恩墓落成后，八路军与晋察冀边区人
民举行隆重的追悼大会（1940 年，沙飞摄于
河北唐县军城）

白求恩追悼大会现场（1939 年
11 月，沙飞摄于河北唐县）

《抗敌三日刊》刊登的白求恩临终前写给聂荣臻的信

白求恩之墓（刘深摄）

2014 年 8 月，《寻找沙飞》摄制组拜谒位于河北唐县军城晋察冀烈士陵园的白求恩墓。此墓为当年原址。右起依次为：司苏实、晋察冀烈士陵园门卫李胜国、王雁、晋察冀烈士陵园负责人贾秀丽、刘深。（王华摄）

第 七 章
战火中不可磨灭的人道光芒

神堂堡：《八路军欢送日本战俘》组照原址

2014年7月23日，雨。山西繁峙县神堂堡乡。

《寻找沙飞》摄制组此行，去寻找当年沙飞拍摄八路军第120师359旅欢送日本战俘组照的原址。在大路口，我们遇到一个拾柴的老人，司苏实先生拿出一张老照片给他看，

八路军与日本战俘（沙飞摄）

对比照片：远处的拱门就是沙飞作品中的相同背景
（刘深摄）

奶奶庙还是保留了原样（刘深摄）

他看了看照片，很肯定地说："我知道这里，是奶奶庙，在茨沟营。"这位老人叫杨瑞鹤，67岁。他把柴火放在路边，给我们带路。

杨瑞鹤老人说，茨沟营是一个村，过去叫营关城。他接着说，原来那里有个门楼，现在已经拆掉了。奶奶庙保存得十分完好，不远处的一个年代久远的拱门，恰恰就是沙飞拍摄的日本战俘照片上的背景，成了我们寻找原址的参照物。

根据现场勘察，奶奶庙院子里还保持着旧貌，而原来前面的戏台已经变成了一个水泥台。司苏实老师介绍说，当时，王震指挥的第359旅在细腰涧战斗中俘虏了6个日本兵。

为了体现我军优待俘虏的政策，瓦解日军斗志，八路军释放了这些俘虏，并在奶奶庙开了一个欢送会。沙飞拍摄的一组照片，就是王震旅长对日俘讲话，以及日本战俘和八路军在一起互相唱歌的情景。

司苏实老师特别指出，此前，无人确切考证过沙飞这几幅照片的准确拍摄地点。他在《抗敌报》一段描述这个事件的报道中看到"某宫娘娘庙"字样。此次现场勘察，可以确定，这里就是沙飞拍摄八路军欢送日本战俘组照的原址，"娘娘庙"应该是"奶奶庙"，真是一个意外的惊喜。

杨瑞鹤老人（右）向司苏实讲述当年八路军来到此地的往事（刘深摄）

高品兰老人（右）辨认老照片（刘深摄）

黄昏时分，杨瑞鹤老人还带着我们访问了当年的目击者高品兰的家。高品兰老人已经88岁，讲起当年八路军为日本俘虏开欢送会的事情，他记忆犹新，绘声绘色地描述着威武的八路军骑兵和欢送会上唱歌、跳舞的情景。当时有个难忘的小插曲：我们的两个照明灯都坏了。眼看着院里光线渐渐黯淡下来，摄影师急中生智，用手机电筒照明，在很勉强的光线下，拍下了高品兰老人讲述的场面。

八路军第120师宣传队唱歌欢送日本战俘（1939年5月，沙飞摄于山西繁峙县神堂堡）

王震旅长对日本战俘讲话。王震身旁戴眼镜者，为早年留学日本的第359旅敌工部部长兼翻译赵安博。（1939年5月，沙飞摄于山西繁峙县神堂堡）

日本战俘唱歌表示感谢（1939年5月，沙飞摄于山西繁峙县神堂堡）

日本战俘向王震旅长敬礼（1939年5月，沙飞摄于山西繁峙县神堂堡）

洪河漕村：晋察冀军区司令部旧址、《聂荣臻送日本小姑娘》组照原址

2014 年 7 月 28 日，酷热。

《寻找沙飞》摄制组的华北大地之行进入尾声，大家已经异常疲惫。然而，前路依然崎岖，大山深处的洪河漕村至今依然地处偏僻、交通不便。这里曾经是晋察冀军区司令部所在地，聂荣臻送日本小姑娘美穗子姐妹的佳话就发生在此地，因此，我们对这里神往已久。

路上介绍这个故事背景的时候，王雁大姐感慨地说：这是百团大战中发生的一件非常人道主义的事。杨成武指挥晋察冀军区第一分区第三团攻打井陉煤矿时，在新井火车站，八路军战士听到里面有小孩的哭声，就说不要再打了，冲进去把两个日本小孩救了。这两个孩子就是美穗子和她的妹妹留美子。当时，留美子才几个月大。

杨成武给聂荣臻打电话，聂荣臻说，你马上派人把她们送到洪河漕村司令部来。当时，沙飞在拍摄攻打井陉煤矿战况，又拍摄了八路军破坏矿里的设备，这时接到聂荣臻的命令，赶到了洪河槽村。

沙飞赶到司令部的时候，聂荣臻正要送美穗子姐妹走，沙飞就说先等等。

他连着拍了一组照片，其中包括聂荣臻牵着美穗子的手，聂荣臻拿着梨，和警卫员喂美穗子吃饭，还有美穗子吃梨的照片。

聂荣臻和警卫员一起照顾这对可怜的日本小姐妹，还找到老乡为留美子喂奶。由于战事紧张，部队无暇照看这两个孩子，

聂荣臻牵着美穗子的手（1940 年 8 月，沙飞摄于
河北井陉县洪河漕村）

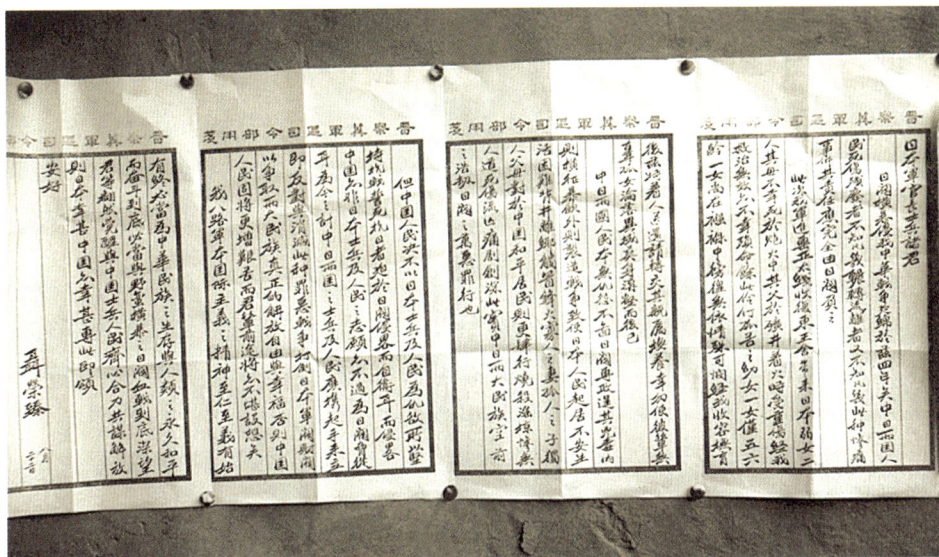

聂荣臻给日军片山旅团的亲笔信。有心的沙飞将这封信全部拍摄下来，得以留存珍贵证据。

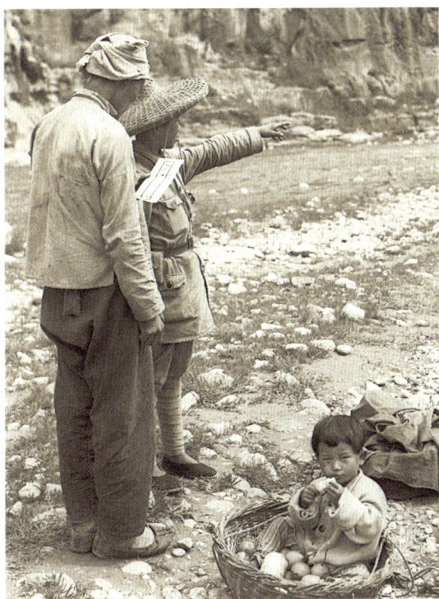

持信人为李化堂（1940年8月，沙飞摄于河北井陉县洪河漕村）

聂荣臻（左）和坐在筐里的美穗子（1940年8月，沙飞摄于河北井陉县洪河漕村）

聂荣臻的警卫员（左）给美穗子喂饭，聂荣臻（右）拿着梨坐在一旁（1940 年 8 月，沙飞摄于河北井陉县洪河漕村）

八路军攻打井陉煤矿（沙飞摄于 1940 年 8 月）

聂荣臻决定将她们送还日军，并给日军片山旅团写了一封信。这封信早已在战火中遗失，所幸的是，有心的沙飞将这封信全部拍摄了下来，得以留存这份珍贵的证据。还有一张珍贵的照片，是洪河漕村村民李化堂手里拿着聂荣臻这封信，他挑的担子放在一边，美穗子坐在筐里吃梨。

当年梨树依然茂盛

来到洪河漕村，村党支部书记栾力容就在村口等候我们。她不是本村人，是嫁到本村的媳妇。村口最显眼的地方是聂荣臻救美穗子纪念碑。这是一块形状很不规则的石碑，就立在当年聂荣臻拉着美穗子的手照相的地方。

在村口，我们还见到了 73 岁的村民李法，他的父亲就是当年把美穗子姐妹送到日军手中的村民李化堂。82 岁的李化璟——现任洪河漕村百团大战美穗子获救纪念馆馆长告诉我们，美穗子当年是 5 岁，他 7 岁。72 岁的村民许永盛说，因为美穗子的妹妹留美子还在哺乳期，他的姑妈许秀妮就给襁褓中的留美子喂奶。

走进百团大战美穗子获救纪念馆，李化璟说，这个纪念馆是

沙飞拍摄聂荣臻送美穗子的原址。左依次为：栾力容、王雁、李化璟、李法。（刘深摄）

晋察冀军区司令部旧址院子里的梨树依旧茂盛（刘深摄）

吃梨的美穗子（1940 年 8 月，沙飞摄于河北井陉县洪河漕村）

美穗子家乡日本都城市的日中友好协会筹资，和当地一起建的。在当年晋察冀军区司令部驻扎的小院里，我们围着一个石质棋盘坐着乘凉。为我们遮荫的还是当年那棵梨树，美穗子吃的梨就是从这棵树上摘下来的。

　　沙飞的学生和战友冀连波在 1998 年接受采访时说："当时，我们也不完全理解沙飞拍这些照片的意义。他说，这几张照片现

当年晋察冀军区司令部院子里的石质棋盘依然如故（刘深摄）

当年送美穗子、留美子姐妹的筐和担子（刘深摄）

在可能没什么作用，几十年以后，这些照片发到日本，就会起作用的。"

果然，1980 年 5 月，解放军报社副社长姚远方写了一篇文章——《日本小姑娘你在哪里?》。然后，中日媒体开始寻找这个日本小姑娘，6 月份就找到了。7 月 10 日，美穗子及丈夫偕 3 个女儿抵达北京，面谢聂荣臻元帅。这段佳话就得益于沙飞留下的珍贵照片。

井陉煤矿：美穗子、留美子姐妹获救地

离开洪河漕村，《寻找沙飞》摄制组赶到井陉煤矿的时候，天色渐晚。井陉矿区万人坑纪念馆的田宏生馆长，带我们来到新井火车站。这个火车站如今依然在使用。田宏生操着标准的北京腔介绍说，百团大战正太铁路破袭战期间，也就是 1940 年 8 月 20 日那天，美穗子、留美子姐妹的父亲是新井火车站副站长，叫加藤清利，当时躲在当地人称"榻榻米"的小别墅里，这个小别墅就是他们的家。

人们误认为美穗子的父母死于八路军之手，其实，他们是被日军迫击炮炸死的。2002 年，美穗子在此地立了一块感恩碑，并亲自撰写了长篇碑文，其中写道："我是在聂荣臻将军崇高的

当年美穗子妹妹的奶母——井陉
洪河漕村许秀妮　　当年为美穗子妹妹治病的军医——游胜华

记者在采访当年美穗子妹妹的奶母——平山陈家峪村陈文瑞　　美穗子的"保姆"　封奇书

救助过美穗子、留美子姐妹的中国军民（刘深翻拍于河北井陉县洪河漕村）

美穗子（右）于1986年第二次访华，到
聂荣臻元帅家做客（孟昭瑞摄）

田宏生在新井火车站介绍当年美穗子获
救的经过（刘深摄）

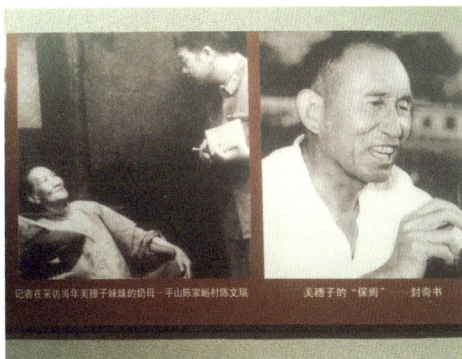

这就是美穗子在新井火车站的家（刘深翻拍于河北
井陉矿区万人坑纪念馆）

人道主义精神和中国军民的保护之下得以安全地返回日本的，62年以后我再次来此地访问，送上我由衷的感激之情……"

接下来，我们参观了井陉矿区万人坑纪念馆。这里距石家庄大约50公里，馆名是井陉煤矿第一任管委会主任杨成武将军题写的。当年，这里共有6座万人坑，从19世纪末到20世纪40年代，丢弃了4万多死难矿工。

涞源县城：侵华日军碑

2014年7月26日中午，我们在河北涞源县城的小巷深处找到了闻名遐迩的千年古刹——阁院寺。这座寺庙始建于辽代，是全国重点文物保护单位。此地现存最早的建筑是辽初修建的文殊殿，保存完好，从未大修过，是国内罕见的几座逾千年的土木建筑之一，构成了阁院寺的核心。寺内有一座我国现存唯一有明确纪年的辽代大铁钟，铸于辽天庆四年（1114年），钟上铸有汉字和梵文。

在阁院寺的大院里，我们看到了抗日战争时期驻守涞源的日军所立三块石碑。涞源县文物所副所长安志敏，向我们详细介绍了这三块石碑的来历。

其中，有两块石碑记载了惨烈的三甲村战斗和东团堡战斗。安志敏说：

沙飞拍摄《聂荣臻与日本小姑娘》系列作品经过

> 百团大战，也就是涞灵战役。1940年的9月22日，在涞源曾经发生过一次著名的战斗，就是东团堡战斗。杨成武率领的老三团浴血奋战。日军170多名士官，剩下22个士官不投降，最后全都跳火自焚。有记载说打了五天五夜，实际上是三天三夜。

沙飞拍摄的八路军战果组照之一

　　安志敏带我们看东团堡战斗中保存下来的一块侵华日军碑。碑文由"大日本军部队长"、陆军大佐小柴俊男撰写：

东团堡井出部队长恨歌

行军西征到涞源，路越一岭叫摩天。

围绕长城数万里，西方遥连五台山。

南到白石山更大，东与易州道开连。

千山万水别地天，有座雄岩紫荆关。

察南边境一沃野，小柴部队此处观。

窥谋八路军贼寇，中秋明月照山川。

丰穰高粱秋风战，敌军踏破长城南。

精锐倾尽杨成武，势如破竹敌军完。

盘龙怒沟如恶鬼，我含笑中反攻然。

惨复天地炮声震，团堡一战太凄惨。

此处谁守井出队，彼处谁攻老三团。

敌赖众攻新手替，我仅百余敌三千。

突击不分昼和夜，决战五日星斗寒。

穷交实弹以空弹，遥望援兵云霄端。

万势休唯一自决，烧尽武器化灰烟。

烧书烧粮烧自己，遥向东天拜宫城。

高齐唱君代国歌，决然投死盘火中。

英魂远飞靖国庭，壁书句句今犹明。

一死遗憾不能消灭八路军，呜呼团堡士壮烈肃然千古传。

大日本军部队长陆军大佐从五位勋三等小柴俊男

昭和十六年（即 1941 年）

一死遗憾不能消灭八路军

涞源县长刘承瑞一下堡民一同建

另一块石碑的碑文，记述了 1940 年发生在涞源的三甲村战斗。当时，驻守三甲村的侵华日军铃木警备队共 150 人，被杨成武率领的晋察冀军区第一分区第二团全部消灭。日军在剩下不到 10 人的情况下，与八路军拼刺刀，最后全部战死。又是小柴俊男大佐为此立碑并撰文：

三甲村警备队赞勋歌

越摩天岭涞源县，西方遥对五台山。

南划一线长城古，东与易州道相连。

紫荆雄关居高岭，千山万水别地天。

察南一沃野边境，小柴部队此处观。

沉机应战瞰敌隙，窥谋贼寇八路军。

中秋明月山川照，丰穰高粱战秋风。

长城南来敌军袭，一旦精英万匪倾。

势成破竹恶犹虎，我含笑中视如鼠。

惨复天地炮声震，三甲一战太惨苦。

此处谁守铃木队，彼处谁攻杨成武。

蚊聚成雷山为憾，我仅百人敌三千。

敌赖众攻有更替，血战三日星斗寒。

遥望援军敌围裹，渐次死伤仅余残。

万事休唯一决战，烧尽武器化灰烟。

烧书烧粮残自兵，遥向东天拜宫城。

高三度齐唱万岁，决然突进众敌冲。

振挥刀枪灿旭日，擅得怵冲敌血喷。

碧血溅染铃木山，英魂远飞靖国庭。

呜呼三甲士壮烈肃然泣鬼神！

河北涞源县伪县长刘承瑞为东团堡战斗中战死的侵华日军所立石碑，日本陆军大佐小柴俊男撰写碑文（刘深摄）

大日本军部队长陆军大佐小柴俊男撰

昭和十六年秋

安志敏介绍说："著名的黄土岭战斗，消灭了日军中将阿部规秀和一个大佐。东团堡和三甲村战斗又消灭了日军 300 多人。在涞源，侵华日军战死 2300 多人，这在一个县里是罕见的。"

日军在侵占涞源几年间，不断损兵折将。日军大佐小柴俊男为此大感不解，就问当时的伪县长刘承瑞："为什么皇军在东南亚战场战无不胜，在涞源却屡战屡败？"刘承瑞回答："皇军到来之后，先把炮楼修建在原来的文庙那里，又把文庙拆掉。皇军没有敬重孔子。孔子是 2000 多年的圣贤，可以说就是神仙。你得罪了神仙，肯定不会打胜仗。"小柴俊男听了颇以为然，要求刘

安志敏讲述八路军涞源抗战事迹

135

承瑞组织乡民重修文庙，同时借此为侵华日军歌功颂德。

我们见到了记载 1943 年重修文庙过程的石碑，落款日期很特别，1943 年被写成成吉思汗七三七年。这个年号出现在石碑上比较罕见。

即便如此，当时的日本涞源驻军为了保住实力，基本上盘踞在县城里不敢出去，小柴俊男哀叹在涞源败仗太多。涞源两次被晋察冀边区授予对敌斗争模范先进县，被誉为"英雄的土地，从没失败过的土地"。

聂荣臻（前左）、杨成武（前右），检阅黄土岭
战斗后胜利归来的八路军参战部队（沙飞摄）

安志敏（右）讲述侵华日军留下的三块石碑（刘深摄）

1943 年，河北涞源县伪县长刘承瑞立碑记载文庙重修过程（刘深摄）

河北涞源县伪县长刘承瑞为三甲村战斗中战死的侵华日军所立石碑，日本陆军大佐小柴俊男撰写碑文（刘深摄）

如今的河北涞源县文庙（刘深摄）

杨家庄：八路军欢送日伪军俘虏

2014 年 7 月 25 日，晴。

从古长城下来，山脚下就是杨家庄。1940 年，八路军在三甲村战斗中俘虏了几个日本兵和一些伪军，在村里的戏台前召开大会，根据我军缴枪不杀、优待俘虏的政策，将这些俘虏释放。沙飞拍摄了一组照片。照片上的戏台挂着一条横幅，上面写着两行字："欢迎日本弟兄"和"日本压迫下的中国武装同胞"。

我们在杨家庄见到一个 85 岁的老人，叫贾珏文，当年目睹了开大会的情景。从现场的布局可以看出，照片上八路军干部向日伪军俘虏讲解宽大政策的地方，就是戏台旁边。乡亲们领着我们进了旁边的一个院子，那里就是八路军请日伪军俘虏吃饭的地方。这个院子的房东叫王红勤，70 岁。他说，当年，这个院子是一户地主的家。这组照片原址的确认，也是我们此行的重

百团大战河北涞源县三甲村战斗中，八路军俘虏日伪军若干。在欢迎会上，被俘日军代表讲话。（1940 年秋，沙飞摄于河北涞源县杨家庄）

八路军与日伪军俘虏共餐（1940 年秋，沙飞摄于河北涞源县杨家庄）

八路军向日伪军俘虏讲解宽大政策（1940年秋，沙飞摄于河北涞源县杨家庄）

参加欢送会的日伪军俘虏及其家属（1940年秋，沙飞摄于河北涞源县杨家庄）

妇女为前方八路军战士做军鞋（1940年，沙飞摄于河北涞源县杨家庄）

对比照片：河北涞源县杨家庄的戏台（刘深摄于2014年7月）

大发现之一。

除了欢送日伪军战俘的组照，我们发现，沙飞拍摄的一组妇女做军鞋和送郎参军的照片也是在杨家庄。其中那张妇女做军鞋的照片中，妇女们正是坐在戏台上。老乡告诉我们，当年做军鞋的妇女之一张桂荣，4年前去世了，享年101岁，她1937年加入中国共产党，当过村里的妇女主任。我们在戏台旁见到了她的儿子张宏德，已经68岁。

沙飞拍摄日本战俘系列作品经过

王雁大姐回忆，1998年，她到河北平山县南庄村寻访，见到了村民王金莲。王金莲还一直珍藏着她送丈夫刘汉兴参加八路军的照片，对沙飞也记忆犹新。得知王雁就是当年拍照的沙主任的女儿，她激动万分。

王金莲（右一）送丈夫刘汉兴（右二）参加八路军（沙飞摄）

王金莲讲述送丈夫参军经过

王金莲老人说，她十几岁就出嫁了，沙飞拍摄的多张照片都有她送丈夫参军的情景。她指着家里收藏的一张照片说："这相片是他们去参军时照的。路上两边站的人可多了，他（指王金莲的丈夫刘汉兴——笔者注）在中间走时照的。俺家他奶奶弟兄们四五个小子、一个闺女。娘可进步呢，她说，咱有人出人、有钱出钱。咱有四五个小子呢，应当走哩（指当八路军——笔者注）。那时候，有的富人家不愿意让孩子当兵，就出钱。我们是穷人家，三个儿子都参加了八路军。国难当头啊！"

青年农民踊跃参加八路军，最前者为刘汉兴（沙飞摄）

八路军为报名参军的乡亲发馒头（沙飞摄）

青年参军大会（1939年6月，沙飞摄于河北阜平县东土岭村）

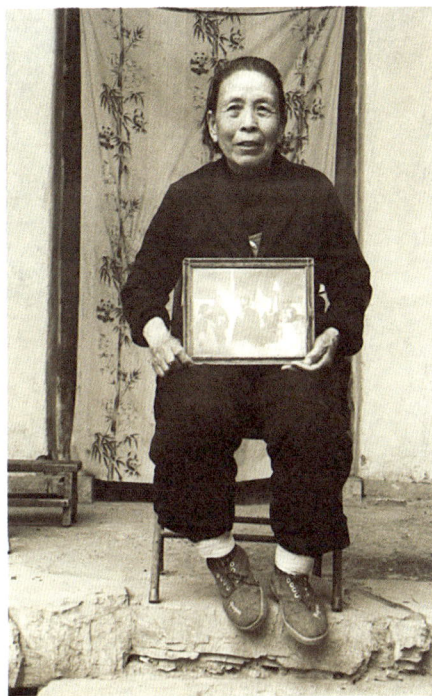

1998年，王金莲手捧沙飞在1942年为她和丈夫刘汉兴拍摄的照片（顾棣摄）

乡亲们欢迎八路军的慰问站（沙飞摄）

第八章

仇恨与悲伤已经铭心刻骨

碾盘沟村:《晋察冀画报》创刊地

碾盘沟村里那个巨大的石碾盘（刘深摄）

2014 年 7 月 28 日，天气继续酷热。

我们长途奔波，驱车来到石家庄市平山县碾盘沟村。这里是《晋察冀画报》创刊地，也是晋察冀画报社 1941 年秋天至 1943 年 2 月的驻地。

碾盘沟名不虚传，到处都是巨石，村里还有一个巨大的石碾

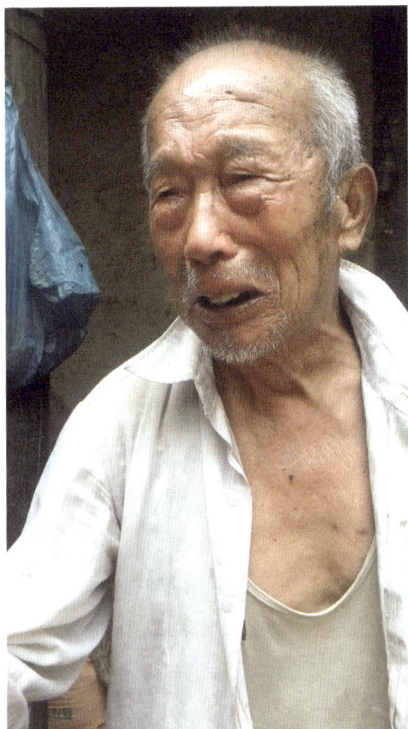

盖三尼（前排中）接受《寻找沙飞》摄制组采访（刘深摄）

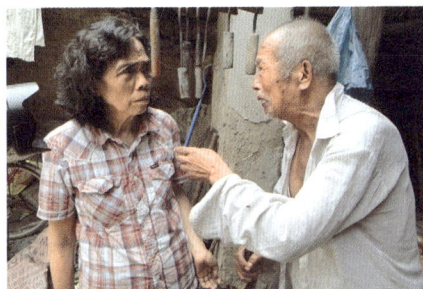

回忆当年的晋察冀画报社，盖三尼老泪纵横（刘深摄）

盖三尼见到王雁，就想起当年的沙主任（刘深摄）

盘。在村里，我们见到了87岁的老人盖三尼。王雁大姐扶着盖三尼在房前的石阶上坐下，老人看着王雁，禁不住热泪横流地说："我可想画报社的人了。一看见你，我就想起来沙主任了，看你的眉毛就看得出来。我还记得当年沙主任走路的样子呢！"说着，他站起身来，举着手，学起沙飞走路的样子，旁观的人都笑了。

盖三尼老人带我们去看晋察冀画报社员工住过的老房子，他指着路边一间土屋说："这个是何重生住的。原来没这个窗户，他嫌那里边黑，弄的窗户。"

盖三尼的女婿杜录山，是碾盘沟村党支部书记，他介绍说："晋察冀画报社在我们村创刊，与当地老百姓的支持是分不开的。村里成立了游击小组，专门为他们站岗放哨，其中就有沙飞的房东，他是我的四爷爷。"杜录山此言不虚，他向我们讲述了日本鬼子为了寻找晋察冀画报社来偷袭的往事。此前的研究者和晋察冀画报社的老战士都没听说画报社撤离碾盘沟之后，乡亲们付出了巨大的牺牲和生命代价。杜录山说：

> 1943年2月26日早晨，鬼子500多人偷袭画报社，兵分三路，一队在南梁上，一队在北梁上，一队从正沟里过来。当时，情况很紧急。为了掩护画报社最后三四个人员撤离，游击组长在南边梁上被鬼子用枪打死了。
>
> 那天，我们村里的村民被杀死四五个，两个游击队员被抓到苏家庄烧死。最惨的是一位70多岁、双目失明的老太太，在家里动不了，被鬼子拉到一块大石头前面，堆上秫秸烧死了。现在，老太太背靠着被烧死的那块大石头还在。如今，我们年轻人都觉得不可思议，日本鬼子为什么要烧死一个生活不能自理的盲老太太?!

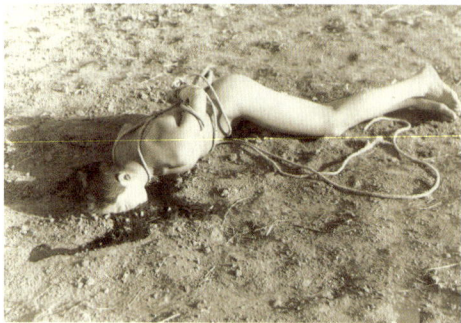

被日军杀害的乡亲（沙飞摄）

被日军毁坏的寺庙（沙飞摄）

杜兵树老人是沙飞当年的房东之子，领着我们来到沙飞住过的房子旧址。他回忆说："我爹那个时候是村长，沙飞他们是从灵寿过来，隔着支角沟村、宅北村、小北头村，找到我们村的。俺爹可实在的，他帮助画报社坚壁粮食，往回运粮食，安排站岗，一直帮助沙飞工作。沙飞就在这个屋里住着，两台印刷机就在我家北

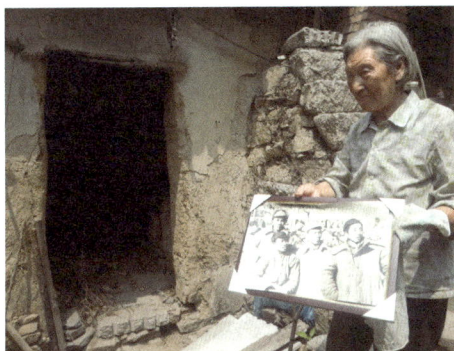

碾盘沟的乡亲一直收藏着当年沙飞拍摄的老照片（刘深摄）

杜录山（左）与刘深合影

屋安着。沙飞他们撤离后，鬼子问我画报社到什么地方了，我说不知道。鬼子就戳了我两枪把，戳得我哭了。后来，鬼子把我家的房子烧了，现在西边的房子是重新盖的。"

离开村里，杜录山带我们上山。路过一块巨石，他对大家说，当年，沙飞他们经常坐在这个地方乘凉，还留下了一张合影。我们来到一排残破的房屋前，这里就是晋察冀画报社印刷厂的旧址，目前只剩下一个框架，但还能看出当年的原貌，窗户和锅灶的位置都没变。司苏实介绍，前些年来这里的时候，王雁大姐看到这排房子很难过，就说给村里一点钱，让他们维护一下。

2015 年，杜录山终于实现了全村乡亲的愿望，在那块巨石上，将沙飞和他的战友们的合影雕刻成浮雕，并在 2015 年 7 月 7 日举办了石雕群落成典礼。

杜兵树（中）带领《寻找沙飞》摄制组来到沙飞住过的房子旧址（刘深摄）

碾盘沟乡亲回忆晋察冀画报社

对比照片：左图为晋察冀抗日根据地新闻摄影与画报事业开拓者和领导者的合影，左起依次为：沙飞、赵烈、石少华、罗光达（1942 年，杨国治摄于河北平山县碾盘沟村）；右图为碾盘沟村石雕（王雁摄于 2015 年 9 月）

对比照片：左图为晋察冀画报社工作人员为《晋察冀画报》创刊号制铜版，左起依次为：康健、曲治全、杨瑞生（1942 年，沙飞摄于河北平山县碾盘沟村）；右图为碾盘沟村石雕（王雁摄于 2015 年 9 月）

河北平山县碾盘沟村纪念石刻（王雁摄于 2015 年 9 月）

晋察冀画报社工作人员为《晋察冀画报》创
号制铜版（1942 年，沙飞摄于河北平山县碾
沟村）

当年，晋察冀画报社印刷厂就在这片空地
上露天制版（刘深摄）

晋察冀画报社印刷厂技师、工人创制的轻便
版印刷机，受到晋察冀边区政府奖励（沙飞摄）

晋察冀画报社印刷厂（沙飞摄）

晋察冀画报社排字房（沙飞摄）

晋察冀画报社排字房（沙飞摄）

晋察冀画报社工作人员召开学习讨论会（1942年，沙飞摄于河北平山县碾盘沟村）

对比照片：沙飞拍摄的晋察冀画报社学习讨论会原址（刘深摄）

城南庄：晋察冀边区第一届参议会

我们来到河北阜平县城南庄镇城南庄村，这里的晋察冀军区司令部旧址被辟为晋察冀边区革命纪念馆。纪念馆广场的雕塑群中，王雁找到了父亲沙飞的雕像。她抚摸着父亲的脸庞，留下了一组感人的无声镜头。

1943年1月，沙飞在城南庄温塘村拍摄了晋察冀边区第一届参议会的盛况，真实记录了晋察冀边区民主政权建设的生动影像。参议会召开期间还举办了图片展，图片都来自沙飞领导下的晋察冀画报社浴血奋战的摄影记者。沙飞镜头中的农民参议员、佛教界参议员，大概是中国历史上破天荒的普通农民和教徒参政议政。这届参议会颁布了晋察冀边区政府的施政纲领，选举了新的晋察冀边区领导人，还交流了生产经验，举办了自然科学座谈、诗歌研讨等丰富的学术活动。国民党代表观摩了整个活动。

晋察冀边区第一届参议会参议员检阅八路军
（沙飞摄于河北阜平县城南庄温塘）

晋察冀边区第一届参议会召开期间，晋察冀
边区农林局局长、植物学家陈风桐在自然科学研
究会座谈会上讲话，身后为华北联合大学校长、
边区参议会议长成仿吾（沙飞摄）

晋察冀边区第一届参议会的农民参议员胡顺义
（沙飞摄于河北阜平县城南庄温塘村）

妇女们观摩脚踏纺车的操作（沙飞摄于河北
阜平县城南庄温塘）

记者采访晋察冀边区第一届参议会的佛教界参议
（沙飞摄于河北阜平县城南庄温塘村）

晋察冀边区第一届参议会上，向烈士致哀
（沙飞摄于河北阜平县城南庄温塘村）

晋察冀边区第一届参议会选举产生的妇女参议员（沙飞摄于河北阜平县城南庄温塘村）

燕京大学英籍教授班维廉夫妇（第二排左一和左二）应邀出席晋察冀边区第一届参议会（沙飞摄于河北阜平县城南庄温塘村）

晋察冀边区第一届参议会会场（沙飞摄于河北阜平县城南庄温塘村）

新当选的晋察冀边区行政领导人，前排左起依次为：王承周、宋劭文、聂荣臻、吕正操；后排左起依次为：刘凯风、刘奠基、王斐然、张苏（1943年1月沙飞摄于河北阜平县城南庄温塘村）

晋察冀边区第一届参议会召开期间举办图片展览（沙飞摄于河北阜平县城南庄温塘村）

当选的晋察冀边区第一届参议会驻会参议员，前排左起依次为：安宅仁、阎力宣、成仿吾；后排左起依次为：郭飞天、杨耕田（沙飞摄）

反"扫荡"的日子

2014 年 7 月 27 日的柏崖村之行，是笔者此次穿梭晋冀大地期间心情最沉重的时光。1943 年 12 月 9 日，日军在此残忍虐杀中国军民，造成晋察冀画报社重大损失。

笔者的导演手记，对惨绝人寰的柏崖惨案有如下简短的记录：

> 晋察冀画报社于 1943 年 12 月 8 日驻阜平柏崖村，（12 月）9 日早（晨）被日军包围。沙飞与警卫员赵银德背着底片、照片资料跑。沙飞鞋掉了，光脚在雪地跑，脚严重冻伤住院。赵银德把两包底片保护好。
>
> 画报社政治指导员赵烈、总技师何重生等 9 人牺

1943 年，晋察冀画报社的战友们合影，左起依次为：罗光达、张文华、沙飞、石少华

牲。锄奸部部长余光文的夫人张立被杀,(余光文)一个月的儿子,及一个老乡的孩子被鬼子扔到开水锅里煮死。此惨案死百余人。

2015年11月,沙飞次子王毅强在深圳接受《寻找沙飞》摄制组采访时说:

> 我刚刚出生的时候,部队从张家口一撤出来,就预示着解放战争要全面展开了,爸爸、妈妈将随部队南征北战。妈妈坐完月子后,要出发了,又得将我托出去。托到哪里?托给谁呢?这次该轮到爸爸想办法了。
>
> 哪里最安全可靠呢?爸爸想到了阜平岔河上庄。上庄是爸爸刻骨铭心的地方,解放军2207厂(前身是晋察冀画报社印刷厂)对画报社在上庄的历史有

2015年11月,王毅强在深圳接受《寻找沙飞》摄制组采访时翻看老照片(刘深摄)

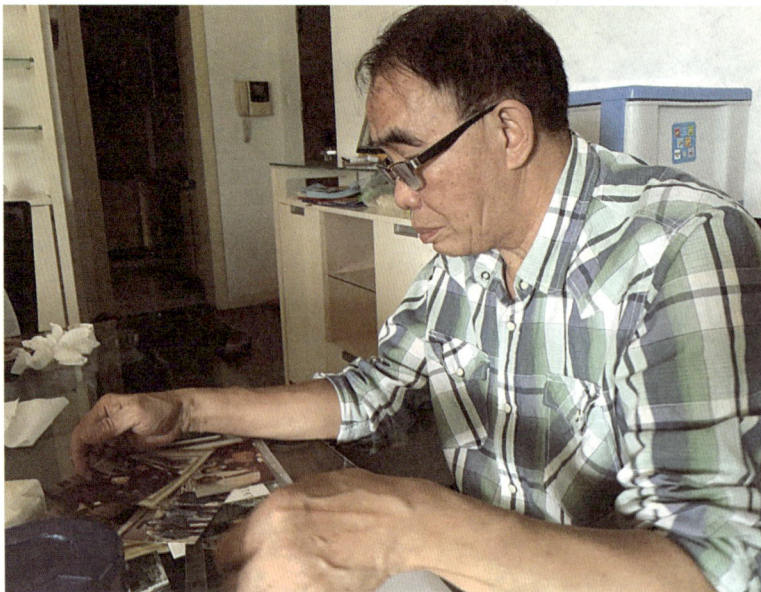

如下记载：

《晋察冀画报》出刊后，发行甚广，除（晋察冀）边区外，还冲破重重封锁，辗转到国民党统治区以及海

外新加坡等国。有的甚至通过地下工作者，送到敌军司令部办公桌上。

华北敌酋看到如此精美的画报后，极为震惊，他们根本不相信晋察冀边区能印出这样的印刷品。于是出兵对保定所有的印刷厂进行搜查，结果一无所获，便决定把《晋察冀画报》作为搜捕对象。

1943 年上半年，画报社在平山县曹家庄遭到日寇"扫荡"袭击，冀东军区摄影记者雷烨牺牲，张志、焦卓然、刘芳、李明等同志负伤。画报社的安全受到威胁，随即在 6 月转移到阜平县的岔河上庄。

1943 年 9 月，日寇纠集 4 万兵马，对北岳地区进行空前残酷的秋季大"扫荡"，一手制造了马武寨、柏崖、官地、沙沟、花台等惨案，特别是骇人听闻的平阳惨案，日寇荒井部队屠杀我干部群众近千人。

冀中形势急剧恶化，为此，冀中军区摄影科和晋察冀画报社合并，石少华同志来到上庄，任画报社副主任。随同来的还有宋贝珩、流萤等同志。

不久，画报社接到（晋察冀军区）政治部紧急通知，敌人要来"扫荡"，立即停止印刷，迅速转移。沙飞、

赵烈、石少华组织大家连夜把机器、药品、纸张等物资分散坚壁，随后带领全体同志撤到阜平和灵寿交界的花塔山打游击。

时值深秋，寒风料峭加之给养不足，病号逐渐增多，画报社特派裴植带领部分体弱病员，到横跨河北、山西的原始森林中边隐蔽边烧木炭，以备越冬，并设法买些土豆补充给养。沙飞、石少华、赵烈带领大部分人员与敌人周旋在花塔山上。

日寇"扫荡"了三个月未有所获，便收兵回巢。画报社接到上级指示，石少华带领一部分人在花塔山打游击，沙飞、赵烈奉命撤离花塔山，向北转移。

沙飞于 1942 年填写的入党志愿表

宁死不丢底片

石少华后来在回忆柏崖惨案的历史背景时写道：

　　1943 年初秋，我被调到晋察冀画报社担任副社长（当时叫副主任）。我和负责暗房工作的宋贝珩去晋察冀军区报到，从此，直到沙飞辞世，我们在一起生活、战斗、工作。

　　傍晚时分，我们赶到了画报社驻地阜平上庄村。晚饭后，沙飞召集全社同志开了个简短的欢迎会。就在欢迎会快要结束时，军区通讯员突然闯了进来，把军区刚刚下达的一份敌情通报递给沙飞。

　　会场立刻安静了……上级告诉我们：敌人的先头部队距离军区驻地只有三天的路程了……沙飞拿起通报，一字一句念了一遍，然后看了看表，果断地对大家说：现在是 9 点 50 分，40 分钟后各就各位，按命令行动……

　　马蹄表的指针已经指向深夜 12 点，我和沙飞到村外去查看坚壁器材情况，万籁俱寂，只有我们的青年突击队和

沙飞于 1942 年填写的干部登记表

155

工兵班还在轻手轻脚地搬运机器，偶尔传来几个沉闷的声响。张雨川迎到村口，说是一、二号洞已装运完毕，正封口。他带我们翻过几个山坡，只见工兵班的战士已在洞口铺平了土，然后又把事先准确好的野草、灌木栽上去，不知情的人一看，真是天衣无缝。

我十分关心底片的安危，低声问他，底片安排得怎么样？沙飞听完哈哈大笑。他有些得意地告诉我："这件事，我亲自负责，就是掉了脑袋也不能丢底片。"

凌晨4点左右，电话员送来一份电话记录，那是军区电话通知：日军受到我民兵和部队的阻击，前进速度

沙飞（右）与石少华（1945年6月，顾棣摄于河北阜平县坊里村）

较慢。但这次投入的兵力比以往要大得多，沿途实行杀光、烧光、抢光的"三光"政策，每晚集结于大村落宿营……

这时，赵银德带军区通讯员走进来，送来潘自力部长的信：日军这次"扫荡"由冈村宁次亲自指挥，投入十几万人，所以，估计反"扫荡"的时间比原来预料的要长，斗争也会更加残酷，一定要做好……

反"扫荡"开始后，军区主力早已转移到外线作战，留在内线的机关和部队分别由两个临时指挥部统一指挥。其中一个由余光文部长负责，我们画报社就归属于这一部。

长期在深山里坚持反"扫荡"，最大的困难就是解决吃饭问题。花塔山的老百姓生活都很艰难，有时还需要我们从储备的口粮中拿出一些来接济他们。所以，要在这严冬继续筹办粮草是非常困难的，吃菜的问题更是难上加难，由于长期吃不到蔬菜和肉食，许多同志患上了夜盲症，体力也大大降低了……

地方政府为不使我军夜间行动暴露目标，号召老百姓杀狗，北方人不吃狗肉，常常杀狗后挂在室外冻起来，沙飞同我们商量买些狗肉为同志们补补身体，商量好暂时保密，他亲自下厨动手烧了两大锅肉给大家吃，每个人分到半碗肉吃。过了很久，沙飞亲自烧狗肉的故事仍然在画报社传为美谈。

【石少华：《风雨十年——回忆与沙飞同志
共同战斗的日子》】

柏崖村：柏崖惨案原址

在柏崖村，老乡带我们来到当年余光文和张立夫妇的儿子被日寇用刺刀挑进开水锅里煮死的原址。王雁大姐讲述了那次惨案的大致经过：

> 1943年12月8日，我父亲带着晋察冀画报社的主要人员撤退到柏崖村，当时就在这个院里住下来。第二天早上，他们打算早早吃东西继续撤，就先煮了饭。这时，余光文部长他们也赶到这个村，就先把画报社的饭吃了。我爸爸他们又煮了一锅开水，准备再煮饭。这个时候，日军已经把这个村包围了。当时，敌工部、画报社还有休养连的人一起往外冲，和鬼子就正面撞上了。

时任晋察冀军区锄奸部部长余光文的女儿余泽军是那次惨案的幸存者，她在2009年4月重访柏崖村时回忆：

> 我妈妈当时带着我和弟弟，就让炊事班班长邵永顺把我抱走了。走出村子的时候，日本鬼子把我们挡住了，问你们是干什么的。老邵就说是良民，孩子怕打枪，就这么混过去了。
>
> 日本人走后，我们回到村里，发现我妈妈的尸体躺在那里，肠子到处都是，血淋淋的。我就抱着我妈哭。看到我妈的惨象，我父亲当时就昏过去了。后来，他就命令赶快把那些牺牲的人掩埋好，最后才收我妈妈的尸。

等父亲他们开始找我弟弟的时候，老百姓给我们指了指开水锅，说日本人用弟弟来逼我妈妈说出部队去向，我妈妈就不说，日本兵就用刺刀把我弟弟挑起来扔进开水锅里，当时还扔进去一个老乡的孩子，他们就这么残忍！

据当年的八路军老战士回忆，当时，沙飞背着两包照片资料和底片跑，晋察冀画报社的李明抢过去帮他背。结果，李明牺牲了，那两包资料和底片也没有了。还有一名叫韩栓仓的战士，他一直保护沙飞，也中弹牺牲。晋察冀画报社的陆续是来自北平的大学生，高度近视，把眼镜跑掉了。沙飞去拉他，他说："沙主任，你不要管我，你先走。"最后，陆续也牺牲了。那次牺牲的还有总技师何重生，他原是故宫博物院印刷厂技师，一直是晋察冀画报社重点保护的专家。

张立抱着女儿余泽军（小宝）（沙飞摄）

在柏崖村里，笔者见到了当年柏崖惨案的目击证人高凤兰，83岁，她父亲被日军杀害，她见证了日军把两个幼儿扔到沸腾的开水锅里煮死的现场；魏建亮，77岁，他父亲被日军杀害；高凤德，77岁，指认了日军虐杀现场的位置。据他们说，

柏崖惨案幸存者余泽军（前排右二），在2009年4月重访河北阜平县柏崖村

159

这是 1943 年 7 月，晋察冀画报社大部分人员在河北阜平县上庄村的合影。同年 9 月，冀中军区摄影科与晋察冀画报社合并，随即接到晋察冀军区关于日军开始"扫荡"的紧急通知。12 月 9 日，晋察冀画报社 9 人在柏崖惨案中牺牲。这张照片成为生离死别的珍贵见证。（石志民提供）

煮死两个孩子的大锅原来在屋里，当年的瓦屋已经不在了，现在是一片空地。

惨烈的细节

关于柏崖惨案的详细经过，解放军 2207 厂的厂史记载：

> 沙飞他们连走两天山路，人困马乏。(1943 年) 12 月 8 日，队伍进驻柏崖村。当天夜里，(晋察冀) 军区锄奸部和警卫连的同志也转移到该村驻扎。是时，李志书管伙食，为大家安排吃晚饭。大家就地宿营，进入梦乡。不料，敌人跟踪而来，9 日凌晨包围了村子，封锁三面山头。

> 杨国治换岗时发现敌情，马上鸣枪报警，但为时已晚。敌人抢先攻进村庄，情况万分危急。混乱中，警卫连战士与敌人展开激战，其他同志与老乡向外突围。

> 寒风嗖嗖，山野凄凉。队伍被打散了，一时无法组织还击，而敌人居高临下，疯狂扫射，子弹呼啸而来。此时，沙飞背着底片，爬上一座山梁。突然，几个鬼子从后面追来，眼看被俘。紧要关头，工兵班长王友和、战士韩栓仓挺身与敌人肉搏，掩护沙飞脱险。

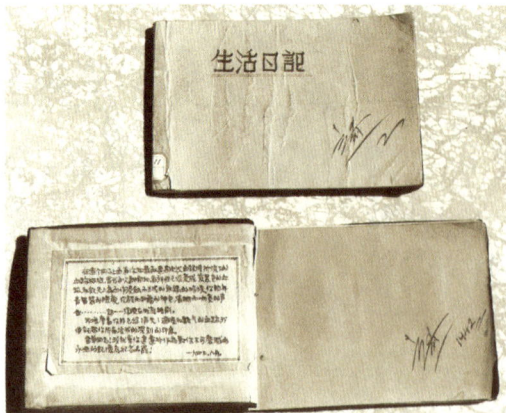

赵烈的日记（顾棣翻拍）

王友和一连刺倒三个敌人，后被刺伤颈部，倒在血泊之中，韩栓仓则在肉搏中壮烈牺牲。混战中，沙飞滚下山梁，在雪地里奔跑十余里路，双脚被山石扎伤、冻伤、血肉模糊。

2014年7月，王雁（左二）在河北阜平县柏崖村与柏崖惨案见证人合影（刘深摄）

另一路，赵烈率部分人员已突出重围，但发现尚有一些同志困在村中，又返身冲入包围圈，掩护何重生、杨瑞生、高华亭等同志突围，在胭脂河畔只身与敌展开搏斗，终因寡不敌众而阵亡。何重生、张梦华二同志也中弹身亡。

陆续同志在将要翻过山梁时，被敌人子弹击中，倒在血泊中。

杨瑞生遭到敌人围攻。他握着手榴弹与敌人搏斗，力渐不支，准备引爆，与敌同归于尽，但被击伤头部血流满面，昏厥过去。敌人掠走他的毛衣，扬长而去。高华亭躲在一块岩石下，敌人的机枪就架在他的头顶上，所幸敌人只顾扫射，未发现石下有人，方得脱险。

赵银德初随沙飞突围，后被敌人冲散，爬至半山腰，遇敌，便把底片埋在一个石槽里，随即纵身从一丈多高的石崖跳下，因脚骨戳伤，趴在石头下，用柴草掩身，躲过敌人的搜捕。

李志书从村里跑出,与李明、马小锁会合,继续前奔。没多久,李志书力竭,为了不连累战友,打发其他两人先行。他自己则转向另一座山岗,钻进石缝里,把钱和图章埋好,所幸没被敌人发现。

待敌人撤走后,李志书赶往邻村,中途见李明躺在路上已经气绝,又见军区锄奸部部长余光文的爱人张立同志被敌人剖腹,死于大树下。李志书悲痛欲绝,进村后到一老乡家想找口水喝。一掀锅盖,内有两个煮死的孩子。李志书看得真切,其中之一便是余光文之子,如此惨绝人寰,为世所罕见。

沙飞对于这次刻骨铭心的惨案有过详细记述:

半夜,余光文部长他们因白天在华山附近被敌三面包围及分二路突围,他自己这部分转移到我们驻村。剧社到小水峪沟。不意,敌尾追他们至天黎明,四面包围,枪一打,大家发觉(后)才突围,队伍不好掌握了。我出村不远鬼子即追上,在我旁边捉去一背枪的战士,我们即乘机飞跑上大山。

四箱底片,赵银德背出二箱,经历千辛万险,终能

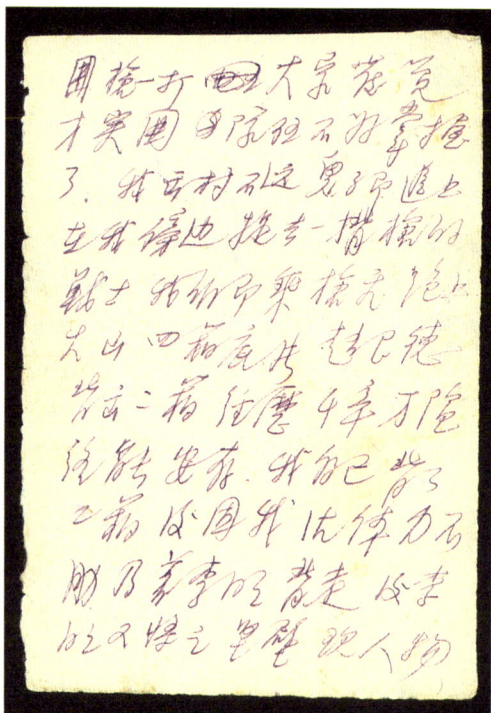

沙飞回忆柏崖惨案的手书节选

安存。我自己背了二箱，后因我估体力不助，乃着李明背走，后李明又将之坚壁，现人物皆未找到。我是在敌后边追击二翼侧射，飞跃过一个五里多高的雪山，突围出来的。一出门不久，鞋子即脱了脚，落在小溪上。鬼子又追上来。乃光了脚而爬山了。

到将要到山顶时，左右二侧追击之敌飞快抢占山头。我见形势太危，乃掌握一班长王英鹤及韩伟昌二人坚决抵抗，掩护我越过山那边去。他们即坚决执行命令，打击敌人。我即乘机越山岭。越过后，敌二面侧击打了几枪，我即滚在雪山的阴坡下的崖边。

【1943 年 12 月 11 日，沙飞致石少华的信】

险些截肢

回忆起柏崖惨案，曾任沙飞警卫员的赵银德在 1998 年接受采访时说：

那次我们画报社一共牺牲了 9 个同志，太惨烈了。在沙主任领导下，我们用鲜血和生命把这上万张底片保存下来了。当时沙主任的鞋跑丢了，就光着脚跑，脚都磨烂了，血肉和这个雪凝结在一起。突围出去以后，他就不能动了，在一个山洞里待了一天一夜。他的两只脚冻成黑色，失去知觉，两条腿也没有感觉了。

赵银德回忆保护底片

当时为沙飞疗伤的白求恩国际和平医院医生邢竹林在 1998 年回忆说："他的脚烂得很厉害，发紫、溃烂，一般这种情况下只能考虑截肢。他是个摄影记者，要到处跑，截肢了怎么办啊？所以，我们还是采取保守疗法，只能想办法给他加强点营养，最后就把他的脚保下来了。"

史料记载：

1944 年，赵银德在河北阜平县洞子沟村（宋贝珩摄）

1998 年，王笑利（右）、王雁（左）看望赵银德

下午，杨瑞生、高华亭、赵银德、张志、张四、杨国治、赵华堂、董寿延等同志陆续聚在一起。曲治全在山脚下找到伤势很重的沙飞主任，把他背进山洞，脱掉棉背心，把脚包上。

劫后余生，战友重逢，禁不住悲从中来，潸然泪下。

这一天，是 1943 年 12 月 9 日。

两天后，曲治全、张志、张四等同志把沙飞背下山，连同杨瑞生、王友和、赵银德一起送进甘水河和平医院治伤疗养。沙飞住院后，画报社缺少领导，聂司令员重将罗光达调回，协助石少华主持工作，画报社又回到上庄短暂休整。

【《解放军 2207 厂厂史》】

此次柏崖村偷袭之后，日寇大吹大

播，保定的报纸、广播电台大肆吹嘘"彻底摧毁了晋察冀画报社"。为了给敌人迎头痛击，晋察冀军区政治部主任朱良才指示石少华，尽快恢复出版、赶印《晋察冀画报》，用事实戳败敌人的叫嚣。史料记载：

抗日战争时期的邢竹林（沙飞摄）

> （1943 年）12 月，画报社由上庄搬到洞子沟。洞子沟是个偏僻的小山村，十几户人家，乡亲们热情接待子弟兵，腾房屋、开山洞安排同志们住宿。在此，画报社为柏崖战斗的死难者召开了追悼大会，由章文龙同志起草了祭文。
>
> 会后，大家怀着悲痛的心情，立即开始了紧张的工作。仅用一个月时间，《晋察冀画报》《时事增刊》印刷出来了，这是对日寇最有力的回击。接连几期画报，使画报社名声大震。当时援华作战负伤的美国中尉飞行员白格里欧特地来洞子沟参观，看到战士们自己动手制作的轻便印刷机和制版机时，表示非常钦佩。
>
> 【《解放军 2207 厂厂史》】

解放军 2207 厂的厂史记载，当地老百姓和民兵积极配合了晋察冀画报社几个月的反"扫荡"，站岗，放哨，挖了一个又一个山洞，坚壁物资器材，带路，救人，掩护撤退等等。村里的耿同金、李玉忠、刘永禄，就是当年民兵的代表。

1998年，邢竹林接受采访（视频截图）

1943年7月7日，欢送罗光达、刘博方去晋察冀边区政府点滴出版社，临别留念于河北阜平县上庄村。左起依次为：徐复森、赵烈、张一川、罗光达、刘博方、裴植、王丙中、沙飞、何重生。

沙飞的警卫员赵银德回忆：

1943年12月8日，画报社奉军区命令，马上转移。沙主任要我和他各背两箱底片。他对我说："摄影底片不比照相制版、印刷器材，器材丢了还可以买，底片是摄影记者流血牺牲换来的，丢了就无法弥补。不管发生什么情况，你不要管我，要保证底片的安全，要做到人在底片在、人与底片共存亡！"

12月9日晨，听到枪声后，我和沙主任各背两箱底片向外跑。同志们、还有村民与鬼子混在一起，我和沙主任被鬼子冲散了。

为了轻装突围，同志们除了武器、文件外，几乎把所有的东西全都扔掉了。我背着约30斤重的金黄色牛皮箱，目标很大。我选择一个既安全又有特征的地方，将底片坚壁起来。后来，我的右脚摔伤了。12月11日，沙飞见到我第一句话就问："底片背出来了没有？"我说：背出来了，没丢。他激动得伸出拳头捶着我的胸脯说："小赵，你的任务完成得很好！"

史料记载：

　　经清点、在这次突围中画报社牺牲九位同志。他们是：赵烈（23岁）、何重生（30岁）、陆续（25岁）、孙谦（28岁）、石振才（18岁）、李明（24岁）、张梦华（18岁）、李文治（18岁）、韩栓仓（23岁）。

　　负伤的同志有：沙飞、杨瑞生、赵银德、王友和。

　　然而，沙飞、赵银德等晋察冀画报社的同志用鲜血和生命保护下来的宝贵照片底版，至今仍珍藏在解放军画报社。

　　打扫战场的时候，杨国治、张志、张四、董寿延等同志含泪掩埋了烈士遗体。寒风凄切、悲歌当哭，血染的风采飘洒在英魂长存的太行山上。

【《解放军2207厂厂史》】

晋察冀画报社初期的三位领导人，右起依次为：主任沙飞、副主任罗光达、政治指导员赵烈，1943年7月7日摄于河北阜平县上庄村。

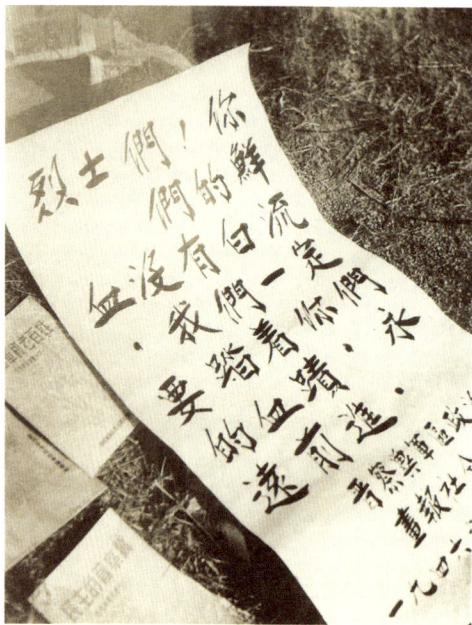

时隔 3 年，沙飞与章文龙、方宏于 1946 年 12 月 9 日再次去柏崖村，拜祭死难战友

1946 年 12 月 9 日，时隔 3 年，沙飞与章文龙、方宏再次去柏崖村，拜祭死难战友。据老战士回忆，1943 年反"扫荡"初期，赵烈他们差点儿被敌人抓到，后来被耿同金等人救了出来。当沙飞、赵烈带队伍向北撤退时，他们一再提醒赵烈不要去柏崖方向，因为那一带日军活动频繁，很危险。但上级指示沙飞率队北撤，向晋察冀军区留守部队靠拢，便于受到保护，不料撞到日军突然袭击，晋察冀画报社受到重创。

赤瓦屋村：柏崖惨案烈士墓所在地

2014 年 7 月 27 日，《寻找沙飞》摄制组顶着酷暑，来到安葬柏崖惨案烈士的赤瓦屋村。这是个小自然村，属于菜池行政村。村党支部书记赵玉山将自家的房子建在烈士墓隔壁，为柏崖惨案烈士守灵 30 多年。这个墓地芳草萋萋，安葬着 48 位烈士，其中 20 多人没有姓名，立碑"抗战烈士之墓"。

在墓地门口，有一个石壁，镌刻着柏崖惨案纪实。

柏崖惨案纪实

1943 年秋，日寇对我晋察冀抗日根据地进行疯狂大"扫荡"，时任第三支队队长的军区锄奸部部长余光文通知带领后勤人员（医院、兵工厂、抗敌话剧团、中央画报社部分同志等），同时还有机要科科长张立同志（余部长的妻子）带着孩子，随第三支队由平山县跋山涉水秘密转移到夏庄乡柏崖村。

由于敌人三天三夜的围追堵截，部队于傍晚抵达柏崖村，战士都已筋疲力尽。部队虽安排了警戒，天拂晓时，被敌人包围。余部长当即组织突围，但因寡不敌众，兼对地形不熟，武器装备不精，激战一个多小时，四十多人壮烈牺牲，只有一小部分人突出重围。炊事班班长邵永顺同志带着余部长的女儿小宝乔装成老百姓才得以脱身。

敌人进入柏崖村后，由于叛徒出卖，张立和她刚出生三个月的儿子不幸落入敌人手里，敌人从她身上搜出的手枪证实她的身份。敌人对她威逼利诱，要她供出党组织和八路军的情况。张立自始至终昂首挺立，缄口不语。

敌人恼羞成怒，在村口麦场脱光她的衣服，又一块块割她的肉、打断她的胳膊，又用刺刀挑开她的胸膛示众，并把她的儿子连同柏崖村村民张德贵的儿子先后扔到沸腾的开水锅里活活煮死，惨绝人寰，悲不忍睹。时

柏崖惨案中负伤的沙飞，在位于河北阜平县炭灰铺村的白求恩国际和平医院养伤（赵银德摄于 1944 年 2 月）

张立生前的戎装照（沙飞摄）

赵玉山接受采访（刘深摄）

赵玉山的女儿赵冬梅接受采访（刘深摄）

左起依次为：赵玉山、郭季萱、赵玉山的妻子、赵玉山的儿媳抱着孩子(刘深摄)

迁67载，柏崖物换星移，铭记历史、缅怀先烈，敬立此碑，以纪念在柏崖惨案中全体遇难同胞。

河北省阜平县人民政府民政局

河北省阜平县夏庄乡人民政府

敬立

2010年11月4日

赵玉山在墓地里栽了48棵柏树，他说，一棵柏树代表一个英灵。墓地的四周栽不下，有两棵柏树就栽在墓地中间。柏崖惨案中，一共牺牲了100多名八路军官兵及村民，其中埋在这里的有48人。晋察冀画报社的9位烈士，有8位安葬于此，另外，政治指导员赵烈因为级别高一些，被葬在阜平烈士陵园。余光文的妻子张立则后来移葬石家庄的河北省英烈纪念园。

赵玉山一家在1982年搬到墓地的隔壁住，每天看护着这些长眠的烈士们，锄草、栽树，不知不觉，30多年就过去了。在采访中，赵玉山的女儿赵冬梅正巧从北京回来探家，她说："打我记事开始，我爸爸就一直守护着这个陵园。我记得，我们小时候就上山刨松树、柏树，栽在（陵园）里面让它长，就觉得里面有绿的东西比较好。"赵玉山的外孙女郭季萱说，她小时候就是从读墓地里的石碑开始识字的。

当事人回忆柏崖惨案

赵玉山夫妇有一个闺女、一个儿子，屋里墙上挂着他们儿子的大幅结婚照。赵玉山的妻子抱着小孙子，其乐融融。赵玉山一家的义举如今得到福报，儿孙满堂。

第九章
山沟里创造画报出版奇迹

洞子沟：晋察冀画报社旧址

2014 年 7 月 26 日，晴空万里。

下午，《寻找沙飞》摄制组来到河北阜平县洞子沟村。司苏实先生介绍，这里曾经是晋察冀画报社驻地，《晋察冀画报》在此印刷并出版了第五期至第八期。村前有一条小河，据顾棣先生回忆，当年，晋察冀画报社就是在这条河里洗照片的；山上有个山洞，如今已经杂草丛生，这里曾经是晋察冀画报社工作人员康健夫妇新婚的"洞房"。

在村口，我们遇到了当年的羊倌段清生。段清生老人已 79 岁，对沙飞印象很深。他一眼就认出了司苏实先生，两人热烈拥

　　1943 年，晋察冀边区第一届参议会在河北阜平县城南庄温塘村召开。图为文艺界参议员 5 人，左起依次为：诗人田间、木刻家沃渣、华北联合大学文学院院长沙可夫、沙飞、作曲家周巍峙。（李鸿年摄）

当年的羊倌段清生（左）与司苏实先生重逢（刘深摄）

抱的情景被摄影师拍到了镜头中。这种场面已经屡见不鲜，在当年的抗日根据地，老区人至今仍然保持着淳朴的风貌，就像当年对待八路军一样。

1943 年 12 月底，在柏崖惨案中受到重创的晋察冀画报社，由石少华副社长带队，转移至此，立即开展恢复出刊的工作。1944 年 1 月 28 日，《晋察冀画报》的《时事增刊》出版。

也是在洞子沟，沙飞见到被八路军营救的美军飞行员白格利欧，并拍摄了一组照片。1944 年 6 月，美军"飞虎队"白格利欧中尉在空袭日军时受伤迫降，被八路军救出。晋察冀画报社记者一路跟踪采访。7 月 18 日，白格利欧来到洞子沟晋察冀画报社驻地参观。在当年 8 月出版的《晋察冀画报》上，刊登了《援助盟邦飞行员白格利欧》组照、沙飞署名"宋山"的文章《白格利欧在晋察冀画报社》，以及一则消息：

得悉白格利欧遇救，美国大使代表政府，函谢朱（德）彭德怀总副司令：接准本年七月二十八日台函，得悉美第十四航空队飞行员白格利欧在正太路被迫降落，经贵部营救出险。查美国飞行人员被迫在敌占区或其附近地区降落，多赖中国军队及人民予以宝贵之协助，使其得以安全返防，继续进行对贵我两国共同敌人日寇之斗争。本国政府深为欣喜感荷，上述美国飞行人员，承阁下及贵部队之援救。本大使谨代表本国政府，敬致谢忱！

【《晋察冀画报》
1944 年第 6 期】

当年晋察冀画报社印刷厂的旧址还保存完好。司苏实先生介绍说，这里有三个院子，当时是晋察冀画报社最核心的地方。第一个院子是教室，也做过社部和办公室。第一个是印刷厂小院，制版以及与来宾合影都在这里。顾棣居住和洗照片的地方在第三个院落。当初因为没有电，曝光和晒干照片都靠自然的日光，所以，设备都在屋子外面放着。

美军飞行员白格利欧（右一）参观晋察冀画报社

美军飞行员白格利欧参观晋察冀画报社

我们看到，当时留下来的很多工作照，还有同来宾的合影，都是在第三个院子里拍。司苏实先生说，这里还曾经做过社部，后来办摄影培训班，就做教室。他指着一个台子说："这里是顾棣先生当年在暗房洗照片的地方，也在这里睡觉。"

沙飞拍摄洞子沟晋察冀画报社驻地系列作品经过

1944 年 11 月，民兵英雄李勇
到晋察冀画报社参观访问，右起
依次为：张一川、沙飞、杨瑞生、
李勇、李途、石少华、牛宝玉、
顾棣、裴植、杨国治、高华亭、
梁国才，其中有一名工人姓名不
详（白连生摄）

1944 年 7 月，美军飞行员
白格利欧（左十）在晋察冀画报
社，左八为沙飞

对比照片：这个院子就是
当年与白格利欧合影的地方
（刘深摄）

1944 年 7 月，美军飞行员白格利欧在晋察冀画报社，左起依次为：翻译董越千、沙飞、白格利欧、高帆

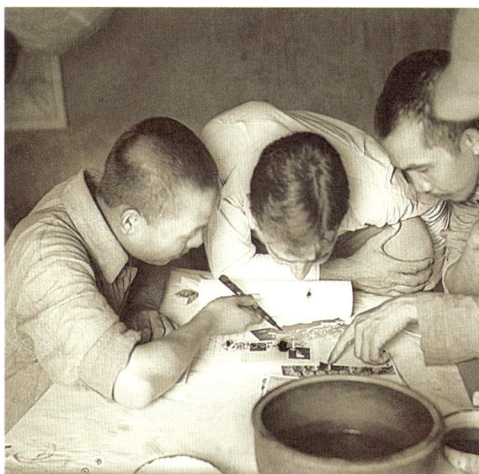

1944 年 7 月，沙飞（伸手指者）向参观晋察冀画报社的美军飞行员白格利欧介绍新闻照片

左起依次为：朱良才、程子华、白格利欧、刘澜涛（1944 年 6 月，沙飞摄于河北阜平县）

1944 年 12 月，沙飞（左一）在河北阜平县洞子沟村陪同美军观察组杜木克少校参观晋察冀画报社

1944 年 9 月 17 日，顾棣进入晋察冀军区第一期摄影训练班学习，师从沙飞和石少华。顾棣在 70 年后回忆说："前方摄影干事拍完胶片，立刻派专人送画报社来洗印，画报社把被日寇烧毁的房子、牛羊圈用木棍柴草压盖起来当暗室。

在没有电源的山沟里办印刷厂是难以想象的。洗照片用的放大机，是白求恩送给沙飞的，因为无电源，只能改成日光放大机，用黑布做两个轻便、简易的暗室，一个放大，另一个显影、定影。当时是在土墙上钻个小洞，透射阳光来曝光，所以，放一张 8 寸大小的照片，曝光时间要一个小时以上，雨天和晚上又不能工作，相片水洗是在马槽里完成的。"

凹里村：顾棣参军

2014 年 7 月 19 日，我们在山西省太原市采访了沙飞的学生和战友顾棣先生。顾老家里有一间不大的书房，却摆满红色摄影史料。很多文件夹分门别类整整齐齐，顾老用毛笔写得清清楚楚，摆在书架上一目了然。顾老不愧是做资料工作出身，书房的三面墙都是书架，资料一直摆放到天棚，像一个小型图书馆。

顾老回忆了他初次见到沙飞，以及后来追随沙飞，走上摄影之路的经历：

抗日宣传画（刘深翻拍于 2014 年）

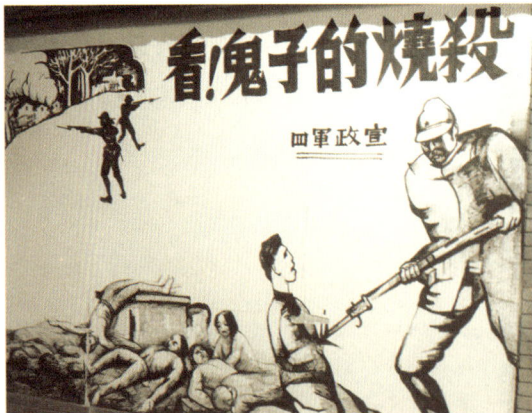

1943 年夏天，我正在故乡一所高小上学，离

我家7华里。有一天放学回家，我刚下山坡，走在一片沙滩上，回头一看，一个八路军干部骑着马，还跟着一个警卫员。我给他们让路，这个时候，那个干部就从马上下来，问我到哪里去。我说回老家凹里村，他说一块儿走吧。

他问我多大年纪、姓什么、叫什么，父母和兄弟姐妹是干什么的，我都回答了。当时，日军经常"扫荡"。他就问我，老百姓怕不怕、生活怎么样，对胜利有没有信心。我回答说，现在，咱们的抗日战争进行到相持阶段。老百姓生活比较困难，但是对胜利充满信心，因为我们进行的是正义战争，日本鬼子进行的是侵略战争，侵略战争必败。我说，这是人间道理。

他觉得很奇怪，一个小孩怎么说大人话？我就说，我在1940年就当了区儿童团团长。1941年组织上派我到华北联大学习革命理论，学了8个月，回来又当了两年儿童团团长。因为日寇封锁，我就服从组织安排，返校上学，这不是我脱离革命，而是服从组织安排。他一听很高兴。

小兵顾棣

顾棣（后排右）和家人

他当时身上挎着个照相机，问我这是什么东西。因为当时团级以上的干部都带着枪，我一看他腰上别着枪，一定是个大干部。我就说，这是个"千里眼"吧？

他说这是照相机，我第一次听说照相机。1940年百团大战之后，我看过一次照片展览，但没看过照相机。他打开相机，说前面是镜头，后面是胶卷，一按快门儿咔嚓一声就拍下来了。

我心里非常稀罕，第一次近距离看到照相机，特别兴奋，相机原来是这样的。

他问我，你长大以后想干什么。因为我老家是晋察冀边区政治、文化的中心，领导机关就驻在我们家附近，当时有好多剧团经常演戏，我对当演员特别感兴趣，也喜欢音乐。我说长大想当演员，唱歌、跳舞、做宣传，或者是画画，为抗日做宣传。他说，你不用当演员了，跟我去学摄影吧。

我当时第一次听到"摄影"，以为是音乐，就问是什么乐器。他说不是乐器，不是音乐是照相。然后，他就比画着相机。他说："照相就和演戏一样。照相机就像战士的枪一样，战士拿枪作战，记者拿照相机作战，到前线给战士拍照片也是做宣传，和你演戏一样的，以后和我学摄影吧！"

一听学摄影，我高兴得不得了。我看过照片，但是不知道怎么回事，就非常羡慕摄影工作。我问他什么时候开始学。他说，你现在还小，还得上学。毕业之后，我再带你学摄影。我们连说带走，大概走了四五里地，就到了我的家。

我的家乡是好几个小村，一个村十几户人家，大村子有二三十户。我家和沙飞要去的不是一个村。到路口，他就把我的名字、地址记下来，就到晋察冀边区政府参议会去了，他是参议员。

　　第二天，我放学回家。我妈就和我说，有一个八路军干部到家里来说："我和你儿子交了朋友。你儿子很聪明，毕业了，我带他学摄影。"他说在晋察冀画报社工作，叫沙飞。这个时候才知道他是沙飞，当时看他是部队的大干部，哪好意思问领导的名字。

　　一听说是沙飞，到画报社工作，我就兴奋得不得了。这件事在我脑子里留下深刻的印象，就盼着快毕业，跟沙飞学摄影。不久，1943年10月的反"扫荡"开始了。这次秋、冬季反"扫荡"很残酷，3个多月，晋察冀边区政府都走了，学校也停课了。

顾棣在整理照片底片

　　我一直惦记着沙飞来带我学摄影。反"扫荡"结束了，部队也走了，我觉得没什么希望了，这件事就放下了。高小毕业以后，县政府要送我到华北联大教育学院学习，培养我当老师。因为我老家是晋察冀模范抗日根据地首府，是领导住的地方，教育和文化工作都缺教员。

　　后来，沙飞果然很守承

母亲（顾棣摄）

183

诺、让警卫员来找我去晋察冀画报社，这是 1944 年。从此，我就是八路军战士了。学会照相之后，我拍摄的第一张照片，是母亲坐在被日寇烧毁的自家房屋前。母亲送 5 个儿女参加了八路军，是模范抗日军人家属。

2014 年 7 月 27 日，《寻找沙飞》摄制组来到顾棣先生的老家凹里村。当年在老母亲的支持下，他姐弟五人都参加了八路军。老房子已经年久失修，顾棣参军后拍摄的第一张照片，就是在这座房子前面拍摄的《母亲》。

史家寨与庙台村：美军观察组来考察

2014 年 7 月 27 日下午，史家寨村书记顾海军引领摄制组来到山坡上的一排窑洞旧址。

晋察冀边区群英会会场（沙飞摄于 1944 年）

这些土窑洞如今已经成了羊圈，是羊群的乐园。顾海军介绍，山上还有很多更隐蔽的窑洞。这一带当年有 1000 多孔窑洞，驻扎过两万多人。

1944 年 12 月至 1945 年 1 月，在窑洞前的河滩

美军观察组成员回国前，和晋察冀军区首长在军区驻地河北阜平县庙台村西沟的窑洞前合影（沙飞摄于 1945 年 2 月）

美军观察组成员和晋察冀军区首长程子华（前排左三）、唐延杰（前排左四）、耿飚（后排左二）合影（沙飞摄于 1945 年 2 月）

晋察冀军区欢宴美军观察组成员和美军飞行员（沙飞摄于 1944 年）

美军观察组成员及美军飞行员观看晋察冀画报社赠送的图片（沙飞摄于 1944 年）

模范教员巡回教学（沙飞摄于 1944 年）

上召开晋察冀边区第二届群英会，展示边区军民在生产、战斗、生活各方面的成就，表彰英雄人物和集体。耿飚、程子华、唐延杰等人陪同美军观察组来此参观，沙飞随行拍摄了很多照片。这时，顾棣刚刚参加八路军，就被沙飞带到群英会上采访。

2014 年 7 月，顾棣在太原家中回忆说："我在群英会上开始拍照片。后来，群英会上放映照片需要幻灯机，沙飞就把我的照相机镜头拿去做幻灯机。从此以后，我就没有照相机了。当时，我很不理解，后来才明白，沙飞希望我成为照片底片的专业管理者。"

美军观察组杜木克少校在拍照
（沙飞摄于 1944 年）

第十章

爱情与幸福重新回归有情人

意外的惊喜

自从在 1944 年到了延安，王辉时刻惦记着已经分别 8 年、身在前线的沙飞。

王辉在革命队伍被当成"大姐"，这种角色让她没有可能和年轻人谈起自己的情感和私生活。人们从来都没有听她提到过自己的丈夫和家庭，大家都讳莫如深。

在王辉十几岁的时候，她家里接连失去 7 个亲人，她自己刚刚建立的小家庭又好景不长。尽管战争环境十分严酷，再加上从事机密工作，纪律严明，工作繁忙，但是，王辉作为一个为人妻、为人母的年轻女人，毕竟无法与感情隔绝。

因而，她一到延安中央党校学习，就向由晋察冀边区来的同学打听沙飞的情况，得知他尚未结婚，即写信给沙飞，告知她自己和两个孩子的近况。她的信是通过周恩来转送的，这个细节更加重了她内心诉求的分量，也可以看出她的缜密心思和良苦用心。同时，她告诉两个孩子，沙飞是他们的父亲，在前线做战地摄影工作。

王辉工作过的重庆曾家岩 50 号"周公馆"（八路军重庆办事处）内景（童小鹏摄于 1939 年）

有一天，未满 12 岁的王达理带着妹妹王笑利，还有项英的儿子项阿毛等几个孩子，去延安杨家岭周恩来那里玩。在院子里，邓颖超拿出《晋察冀画报》给孩子们看。王达理一边翻看着画报，一边在上面数沙飞的名字，并对小伙伴们说，这个拍照的"沙飞"就是他爸爸。

周恩来把王辉写给沙飞的信转给正在延安的聂荣臻，聂荣臻委托陪同美军观察组到晋察冀边区的耿飚带信；聂荣臻还发电报给晋察冀军区政治部主任朱良才，由晋察冀军区政治部副主任潘自力当天通知沙飞到政治部。沙飞看到电报惊呆了，毕竟毫无思想准备。朱良才问他是否愿意复婚，沙飞做了肯定的回答，并立即回复了电报。

不久，延安的中共中央党校办公室通知王辉去杨家岭找周恩来。在那里，她看到了沙飞的回电："信收到，即带飞儿（指沙飞、王辉的长子司徒飞，即王达理——笔者注）来此。"另一份电报是朱良才发来的，代表组织介绍沙飞近况，并特别说明沙飞至今未婚。因为王辉在中共中央党校的学习课程尚未结束，她给

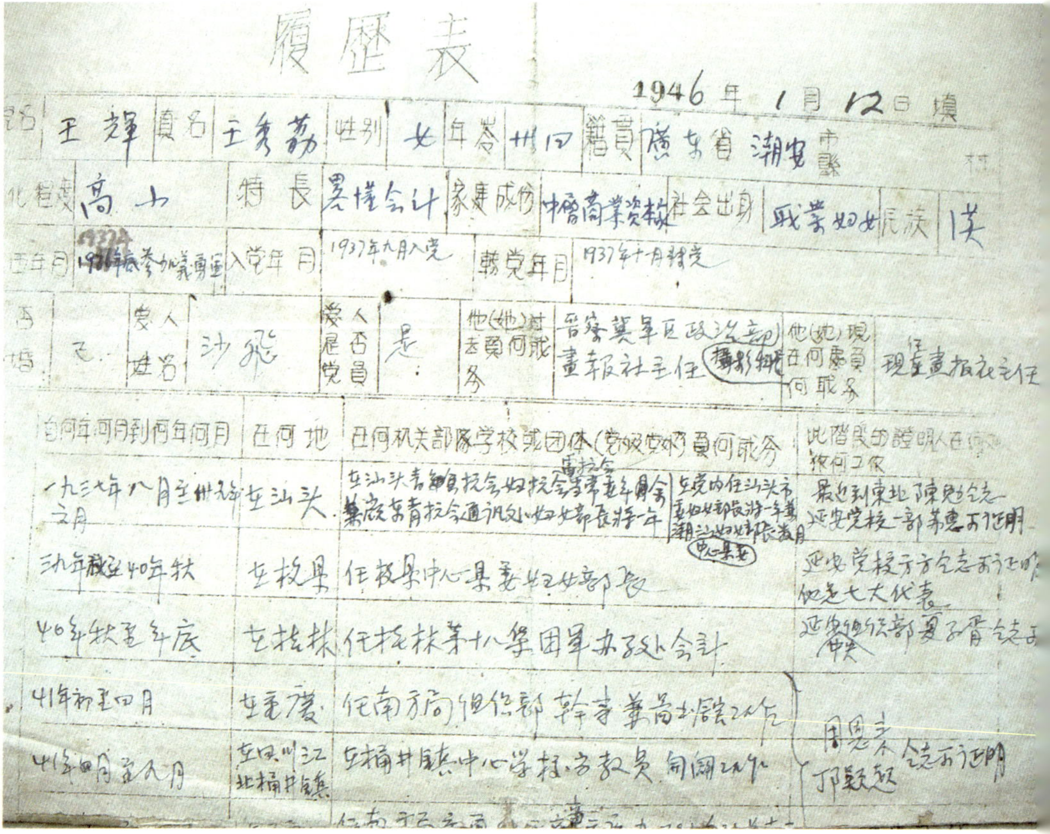
履歷表

1946 年 1 月 12 日填

王辉　原名 王秀荔　性别 女　年岁 卅四　籍贯 广东省潮安县

文化程度 高小　特长 略懂会计　家庭成份 中等商业资本　社会出身 职业妇女　民族 汉

入党年月 1937年九月入党　转党年月 1937年十一月转党

爱人姓名 沙飞　爱人是否党员 是　他(她)过去负何职务 晋察冀军区政治部画报社主任　他(她)现在何处负何职务 现任画报社主任

自何年何月到何年何月	在何地	在何机关部队学校或团体(党政军民)负何职务	此階段的證明人在何處做何工作
一九三七年八月至卅九年三月	在汕头		
卅九年秋至40年秋	在揭阳	任揭阳中心县委妇女部长	
40年秋至年底	在桂林	任桂林第十八集团军办事处会计	
41年初至四月	在重庆	任南方局组织部干事兼当地工作	周恩来 邓颖超
41年四月至几月	在四川江北桶井镇	在桶井镇中心学校当教员	

王辉于 1946 年填写的履历表

沙飞回电：“我学习完再去。望等我。”然后，惊喜中的王辉赶到位于安塞县的陕甘宁边区保育院小学部，即“保小”，告诉孩子们就要去见他们的父亲了。

兄妹在“保小”

王达理和妹妹王笑利当时都在延安“保小”学习，70 多年后，

1946 年，沙飞全家在河北张家口的团圆照，左起依次为：王达理、沙飞、王辉、王笑利

他又回忆起那段往事：

我 3 岁的时候，父亲就离开我们到前线了，但是迷迷糊糊的还有那么点儿印象。经过多年的离别，我对父亲就没有什么记忆和感情了，因为离得太远了、时间太长了。

父亲是 1936 年年底离开我们的。第二年他到桂林。七七事变以后，他就到华北前线去了。我们到 1945 年才见面，时间跨度是隔了 9 年，所以，这么长的时间，你说我对父亲有什么深刻的印象或者记忆？确实没有。

到延安以后，我们就进了小学，也从来没有跟父亲在一起，那时候也习惯了这种生活。到 1944 年，才听妈妈讲，父亲在前方，那时候光知道是前方，具体地方也搞不清楚。

1985年，王辉（左）、王勉（右）姐妹与邓颖超在广州重逢

后来是暑假还是寒假的时候，就把我们从安塞县的学校接到我妈妈单位。有一些晋察冀边区到延安中央党校去学习的人，我就问了一些叔叔、阿姨有关沙飞的情况，父亲叫沙飞，在前方。后来问了一些人，他们都知道有个沙飞，这个名字在晋察冀还是比较有名气。

我问过写《歌唱二小放牛郎》的方冰，还有写《八路军进行曲》的那个作者公木、他们说知道沙飞，就在晋察冀。

因为我妈妈原来在周恩来、邓颖超手下工作，与他们非常熟悉，而且，很多机密的东西、财务都是我妈妈管；所以，了解到我父亲的一些情况以后，我估计她是找了周恩来、邓颖超，想要跟我父亲恢复夫妻关系，希望组织上帮助解决。

我记得是一个礼拜天，延安都放假，我跟一些老同志到周恩来、邓颖超那里，在杨家岭一个小院子，有三个窑洞。周恩来一直在中间的窑洞里打电话，没有出来过，忙得不可开交，就是邓颖超接待我。当时还有其他的叔叔、阿姨，都看到了《晋察冀画报》。我还在画报上数，好多沙飞的名字，就对父亲有了浓厚的兴趣。

就在这个时候、一个人走进窑洞，看了看就出去了。邓颖超就对我说："你

延安"保小"的孩子们

不是要找聂荣臻吗？刚才那个就是聂司令员。"我一听说是聂司令员，就赶快追出去了。聂荣臻去了厕所，他一出来，我就拦住他："聂伯伯，我向你打听一个人，叫沙飞、你认识吗？"他说："我认识啊。你是他什么人？是他弟弟吗？"我说："他是我父亲。""啊？"他就觉得很惊讶，问我现在在哪里。我就跟他说："我妈妈在党校，我们在'保小'学习。"他说："好啊。你给你爸爸写信，我想办法转给他。"后来，我估计，他是发了电报到晋察冀，我父亲知道我们到了延安。

坊里村：沙飞夫妇重逢之地

1945 年 5 月，王辉奉命调往晋察冀边区。途中要经过敌人

的几道封锁线，她决定不带孩子，自己先去。他们一行5人在路上走了一个多月，7月到达河北阜平县晋察冀军区政治部驻地。

沙飞骑马飞奔去接她。王辉第一眼见到的沙飞有些沧桑，但眼睛依旧明亮有神。他们紧紧地拥抱在一起，两个人骑着一匹马"回家"。分别8年，一言难尽，抗战的艰苦岁月使个人情感和命

沙飞、王辉夫妇团聚（1945年7月，顾棣摄于河北阜平县坊里村）

左起依次为：沙飞、王辉、石少华、张致平（晋察冀画报社政治指导员）、李建新（晋察冀军区敌工部部长厉男的夫人）（1945 年 7 月，顾棣摄于河北阜平县坊里村）

运都经历了严酷的考验。

在坊里村，乡亲们都在谈论沙主任的夫人。在他们眼中，这是一个难得一见的从延安来的八路军女军官，为人和蔼，笑容可掬。村里人经常看到他们一起散步。他们甜蜜的重逢，使整个村庄都沉浸在幸福的氛围中，是战火硝烟里的另一道风景。

2015 年 11 月，王毅强在接受采访时说，如果他父母没有复合，也就不会有他的生命。1945 年 5 月，王辉从延安的中共中央党校六部结束学习，走了一个多月到达晋察冀边区，7 月份与沙飞在河北阜平坊里村重逢。当天晚上，在坊里村边的河滩上，石少华同晋察冀画报社的战友们，为沙飞夫妇破镜重圆举行了隆重热烈的庆祝晚会。

沙飞与王辉分别的 8 年，几乎和全国抗战那几年完全重合。

1945 年，沙飞（右一）在河北阜平县坊里村为摄影训练班讲课

尽管因为年轻气盛和很多误解而导致分手，所幸的是，他们都走上了抗日战场，成为同一支部队里的战友，这是他们能够毫无悬念地重新和好的重要基础和原因。

其实，笔者通过认真研究认为，沙飞与王辉的"离婚"可以当作一个伪概念来看待，因为，基于当时的社会文明程度和他们的环境背景，离婚必须是一个带有法律意味的、正式的、规范的行为，而他们并没有正式履行离婚手续，也没有书面文件或见证人这些基本仪轨。他们只是在相互之间的信件中表达了"提出离婚"和"同意离婚"的言辞，这完全可以理解成一时冲动的表白，而不具有正式的确认效力，完全是非理性的赌气行为。

王少军在接受采访时也认为："我母亲从不承认她跟我父亲离婚的事实，她觉得自己有责任去担当沙飞的家庭。几十年来，为了家庭和孩子，她默默承受着重担，从来没有说过我父亲一个不字。可以想象，要是别的女人，早就怨天尤人，到处去埋怨这个、埋怨那个。而且，我母亲当干部要填表，都要触及我父亲这一段，触及她最痛苦的地方。"

沙飞、王辉夫妇在坊里村共同生活了一个多月，当时，他们的两个孩子都不在身边。王辉临时担任晋察冀画报社的会计，帮画报社建立起规范的财务制度。尽管非常短暂，但这是他们最舒心、最愉快的一段时光。就是在这段时间里，王辉怀上了他们的第三个孩子——王小辉（王雁）。沙飞之所以给第三个孩子取这个名字，是因为妻子的名字里有个"辉"字，可见用情之深。

2014 年 7 月 26 日,《寻找沙飞》摄制组走进坊里村。村头的一棵古树见证了沙飞与王辉破镜重圆。王雁坐在大树下感慨万千地说:"1945 年 7 月,我母亲从延安骑着小毛驴,来晋察冀找我父亲。就是在这里——河北阜平坊里村,在这个村,他们又破镜重圆。我的生命就是在这个村里孕育的,所以每次到这里,我都感到血脉相连。"

王雁坐在河北阜平县坊里村村头的大树下(刘深摄)

沙飞之女王雁
讲述她父母破镜重圆

张家口:与子女团圆

王辉来到晋察冀边区与丈夫团聚不久,他们的两个孩子于三个月后也从延安赶到张家口见父亲。这时,抗战已经结束。告别战争的苦难,沙飞一家迎来了最幸福的团圆时光,有一张珍贵的全家福记录了这个时刻。

2015 年 1 月,沙飞长女王笑利在接受采访时回忆:"我记得,有一次,爸爸把我们带到(晋察冀)画报社那个照相馆,去照一张集体合影,所以,你就看我们全家就这么一次照过集体合影。后来,我想,最逗的是,我爸爸作为摄影家,那会儿竟然没有给我们任何一个子女照相;但是也不奇怪,因为他这个人反正是工作第一,这些胶卷来之不易,应该用到最重要的地方。"

王笑利回忆从延安出发去找父亲的往事时说:

我记得走了一个月零三天,(1945 年)10 月 14 号走的,11 月 17 号到的。原定出发那天,正好赶上毛主

沙飞胞弟和后
代回忆并评述沙飞

197

抗战胜利后，两个大汉奸———张家口市伪市长韩广森、伪副市长崔景岚被枪决（1945年，沙飞摄于河北张家口）

沙飞（右一）在河北张家口机场，拍摄军事调处执行部三人小组成员周恩来、马歇尔、张治中乘飞机前往内蒙古集宁视察（石少华摄于1946年3月1日）

席参加重庆谈判后回来，整个延安特别振奋。我们准备出发了，一看飞机在城头上转，警卫员就带着我们跑啊、过河啊，跑到飞机场迎接毛主席。

过了三天，我们是（10月）14号出发的。一路上，我和我哥哥骑一头毛驴，要不然他行军，要不然我走路，可能他行军更多一些，我毕竟

小一岁嘛。走这一路，就是想早点儿见到爸爸、妈妈。后来就坐火车到张家口，坐的是闷罐车，也就是装牲口的那些车吧，火车也不知道坐了几个小时。

秧歌队庆祝抗战胜利（1945 年，沙飞摄于河北张家口和平印书馆前）

2014 年 9 月，王达理回忆起和妹妹去找父亲的往事：

　　日本投降以后、朱良才，就是原来晋察冀军区政治部主任、派人把我们从安塞接到延安。等了几天，大概在 1945 年的 10 月，好像 14 号，我们从延安出发了。走了一个多月，过黄河，然后在山西走了好多县城、翻了好多山。

　　11 月 17 日到张家口，天都黑了，看见电灯都觉得很稀奇。那是个礼拜六，（晋察冀）军区事先通知了我父亲，他就派警卫员接我们。那时候也没有什么汽车啊，就是一台自行车，警卫员骑着到晋察冀军区政治部，就把我和小力（即王笑利——笔者注）接走了，我们也没有多少行李。

　　我们同一批从延安去张家口的，有聂荣臻的爱人、萧克的爱人，有朱良才，也是个井冈山时代的老红军，有余光文、成仿吾，还有一个警卫连。

王笑利回忆起第一次见到父亲时的情景：

到了张家口，把我们拉到晋察冀军区政治部。到那儿以后，我和我哥哥就坐在大礼堂那儿等着人来接。因为政治部的人跟我爸爸都挺熟，一会儿出来一个说是我爸爸。我是1935年在汕头出生的，一岁多，爸爸离开家就再也没见过，所以，我也不记得爸爸，靠我哥哥来认，他说不是就不是。一直等到天快黑了，有一个骑自行车的来了，就是我爸爸的警卫员白田野，把我和哥哥接到晋察冀画报社，可以想象我们的行李多么简单。

到了画报社以后开灯了。我记得爸爸在二楼这边的一个房子，屋子并不大，但是坐满了一屋子画报社的人，都在那儿说说笑笑等我们呢。我们上去以后，看到那么热闹、那么多人特别高兴，肯定有爸爸、妈妈。但是是谁呢？肯定人家让你去猜了，肯定是先认出妈妈来。我哥哥还有一点儿记忆，我没有记忆，他就认出来了爸爸。然后，爸爸就抱着我们，高兴得要命。画报社从来没孩子，一看沙主任的孩子来了，大家都特别高兴。那天晚上，我们也特别兴奋，大伙儿也特别兴奋。

1946年，沙飞、王辉夫妇与长子王达理（右二）、长女王笑利（左一）在河北张家口

和爸爸、妈妈、哥哥一起生活特别简单，就一间房子，我和我哥哥就抢着沙发睡，有时候和爸爸、妈妈一起打打扑克牌。平常就看我爸爸工作特别忙，也见不到。

那时候 10 岁，有一些记忆，我觉得还是有陌生感，因为跟我妈妈也没有长期一起生活，跟我爸爸就更没有了，10 年才见了一回。我们在张家口就待了一年。我们上学还是住宿，礼拜六才回来。

王达理与母亲王辉

王达理也回忆了第一次见到父亲时的情景：

父亲的单位很漂亮，就在（张家口）解放路的一栋楼里。因为是礼拜天，好多人去他那里。他们开玩笑说，让我认一认，哪个是我父亲。我就凭着印象和记忆，模糊的记忆，扑到沙飞跟前，就这样认定了父亲，没有认错。跟他见面就是这样的情景。你说跟我父亲有多深的感情，这个就很难讲，因为长期不在一起，虽然有父子情，但毕竟不是他把我带大的。

在我的记忆里，父亲对他的事业是一丝不苟的，对工作非常认真、非常严格，但是对家庭、对子女，他虽然很有爱，却没有那个习惯。抚养啊、疼爱啊，他好像很难表现出来有这样的情感。

1946 年，沙飞、王辉夫妇在河北张家口

　　在父亲身边的王达理正是男孩子淘气的年龄。1946 年年初，他有一次玩沙飞警卫员的枪，问上子弹了没有，说着就扣扳机。枪响了，子弹从房间穿出去，打到外面厅里，穿过一个乒乓球台，从一个缝被子的女人头上飞过，打到窗户上。沙飞本来要出去采访，听到枪响，就从楼上下来，问是谁打的枪。王达理吓坏了，不敢吭声，警卫员说是孩子打的。沙飞命令警卫员把王达理关到禁闭室。

　　王达理后来回忆说："我父亲也没多说话，就用带兵的办法来管我，把我关起来。禁闭室是楼梯下面的一个小房子。开始，我还吓得够呛。待着待着，我看见有个窗户，外面就是一条小街。我跳窗户就跑了，好几天也没见父亲的面儿。"

　　其实，沙飞对长子王达理的爱深深藏在心里。那时候，抗敌

右起依次为：石少华、吴印咸、沙飞、叶昌林（1946年3月，顾棣摄于河北张家口）

剧社在晋察冀军区最出名，沙飞想把儿子送到那里。有一天，他的警卫员正准备带王达理去剧社报到，结果因为妹妹王笑利捣乱没去成。后来，有一次，聂荣臻和妻子张瑞华来看望沙飞，沙飞再次提起要把儿子送到抗敌剧社。聂荣臻说孩子太小，还是先打好文化基础。沙飞就打消了这个念头，王达理也从此与抗敌剧社失之交臂。

时光流逝60多年，王笑利回忆与父亲在一起生活的点滴细节时说：

> 他挺瘦的，穿着军装，整天忙，最主要是夜班，不给我们照相，也不带我们玩儿。我们放学回来，他从来没带我们玩儿过。但是，他亲过我，有这个印象，是因

203

为他胡子拉碴的。后来从张家口撤退到阜平，他又来亲我，那时，我都十几岁了。但是，我对他还是很陌生，他不怎么管我们。我记得我翻过他的东西，有一次看到了邓颖超给他的信。

1948年的时候，我在小学，妈妈在银行工作。有一次，爸爸生病了，我们就坐银行的马车，到石家庄去看他，没想到路上下起瓢泼大雨，走了半截儿根本不能走。我心想，你们走不了我走，就自己偷偷往前走，走到下一个村，就没法走了。我倒不在乎下雨，但是遇到了岔路，身边没人问，就不知道往哪儿走。我又回到村里的老乡家。老乡对我特别好，给我烤衣服，又给我吃的。后来，大人发现我不见了，追到这个村，把我带回去。那次，我差点儿走丢了。

后来到冬天的时候，我总算到石家庄去看了爸爸一眼。那时候，他住在农村，以后，就再也没有见到了。

王雁在河北怀安县柴沟堡

柴沟堡奶妈一家

沙飞、王辉夫妇团聚一个月后，日本投降。第二年5月，他们的第三个孩子出生了，变成了幸福的五口之家，没有任何迹象表明可能再次遭到命运的重创。抗战胜利后，晋察冀画报社接到晋察冀军区命令，立即随部队开赴北平。画报社撤离了坊里村和洞子沟，在桃源与其他部队会合后，直奔涞源县城，沿着拒马河，一路向北平挺进。然而，接收北平的计划很快受阻。画报社行军至紫荆关时，国民党军队已抢先占领北平。于是，部队改道去接收张家口。

2015 年 11 月，王雁在深圳家中接受《寻找沙飞》摄制组采访时回忆：

王雁与奶妈在河北怀安县柴沟堡

> 我是 1946 年 5 月在张家口出生的。张家口是抗战胜利以后中共军队接收的最大的城市。出生以后不到一个月，我就被送到柴沟堡的老乡家。我妈所在的银行有一个董姑姑的老家在那边，就让她弟弟和我爸爸的警卫员白田野把我送过去了。

> 我在老乡家长到 4 岁。1950 年，我父亲去世，我们没有受到牵连，而是受到特殊照顾。华北军区政治部决定，让我和弟弟到华北军区八一学校上学。华北画报社副社长石少华派孟昭瑞把我从柴沟堡接到八一学校。

> 在柴沟堡那几年，我奶妈、干爹和他们的儿子，加上我就是 4 口人。他们家就一个儿子，没有女儿，对我特别好。听说，我小的时候又白又胖，拍的照片也是干爹、奶妈拉着我，小男孩儿在旁边。离开他们之后，我心里一直很记挂他们。

> 1998 年，中央电视台拍摄纪录片，到我父亲战斗过的地方走了一圈。我就跟编导说，我的奶妈在柴沟

王雁（左二）与奶妈全家在河北怀安县柴沟堡

堡，很想去找他们一家。怀安县的柴沟堡离张家口很近，本来想，这么小的地方，拿着照片找应该没问题，结果没有找到。给孟昭瑞打电话，他也不记得太多细节，就说在火车站附近。当时，那里人听说我做进出口贸易，就说广东来了一个有钱的女人来找奶妈。很多人来认，最后发现都不是，我心里特别难过。

最后，来了一个年纪比较大的人，看了照片就说，这一家人很可能在"三年灾害"时期都饿死了。我当时一听就傻掉了，怎么能都饿死了呢？因为摄制组要赶时间，也没有进一步寻找他们一家的下落。

找不到奶妈一家一直是我内心最大的遗憾，相比之下，我弟弟比我幸运，他不光找到奶妈一家，还实际回报了老区人民。他的干爹，我也见过，我们都心存感恩。而我却没有机会回报，就挺难受的。

从花沟掌到上庄

王毅强是沙飞、王辉夫妇重逢之后所生的第二个孩子，他在回忆往昔经历时说：

> 妈妈和爸爸随晋察冀画报社一起从坊里村到张家口，妈妈调到晋察冀边区银行总行，直到1946年10月，随部队撤离张家口，返回阜平。哥哥王大力（王达理）、姐姐王小力（王笑利）从延安过来同爸妈团聚；5月，小辉（王雁）出生。家里一下子人丁兴旺，好不热闹。
>
> 刚出生一个月的王雁，托给了柴沟堡一个老乡，没过几个月，妈妈又怀上了我。1946年9月，傅作义的部队向张家口进犯，爸爸、妈妈随部队撤回阜平。妈妈调到行政干部学校学习，画报社来到了阜平的花沟掌。
>
> 花沟掌，顾名思义在花沟的掌首，是山清水秀的一个小村庄。爸爸和吴群住在村庄最高位置的小院里，爸爸住北面房，吴群叔叔住东面房。当时，晋察冀军区进入抗战胜利后的生育高峰，军区医院忙不过来。画报社决定由章文龙的妻子李淑贞担任接生员。除了为我接生，还有石少华的儿子石志民、宋贝珩的女

1951年9月9日，王毅强（左）与姐姐王雁在北京八一学校

2004 年，王毅强（后排左一）同大哥王达理（前排左一）在河北阜平花沟掌他们的父母曾工作、生活过的房前，与村里的孩子们合影留念，王毅强就是在这里出生的

儿宋涛、李遇寅的女儿李伯平、吴群的女儿吴向群、潘力模的女儿潘小民。

我快出生的时候，爸爸带着几个警卫员，从城南庄的行政干部学校接妈妈到花沟掌，路过我姐（王笑利）的学校，叫她出来见面。12 岁的姐姐从学校跑出来，一看到担架上大肚子的妈妈，很害羞、赶紧跑回去了。

我出生时真是太难为李淑贞阿姨了，她接生我时，自己还怀着章阜（她的大儿子，我的小学同班同学）。李阿姨有一段回忆："我原来在医院当助产士，到阜平后晋察冀在画报社工作，沙飞叫我洗照片兼卫生员。1947 年 5 月，王辉在阜平（花沟掌）生小孩。我怀着孕，给她接生时，用开水烫剪子，（王辉）生得顺利。

我白天跟顾瑞兰、顾棣姐弟俩洗照片，晚上照顾王

辉坐月子。沙飞回来照顾夫人，他到河里捞小鱼，给
王辉煮粥。我问王辉，粥腥不腥，她说好吃。我每天给
孩子洗澡。孩子脑袋中间有点儿鼓，头发不多。沙飞问
我，孩子长得像不像列宁？他们讲广东话。沙飞照顾夫
人很好，脾气好，他夫人月子里没下过床。王辉对我
说，她原来对沙飞有意见。邓颖超大姐跟她说，要管大
事，不要计较小事。"

爸爸后来决定将我托付给阜平上庄的老乡。爸爸带
着妈妈和我来到上庄，选了两三家，但我一去就又哭又
闹也不睡觉，人家没法带。最后，爸爸不得不找到当年
在上庄时的老房东耿同金家。没想到，我一到他家，就
不再哭闹了。

爸妈在上庄陪了我近半个月。爸爸带着耿同金、
李玉忠、刘永禄等游击队员一起常去花塔山下的溪河，

1993 年，王毅强全家与石少华（右二）合影

209

2003年，王毅强全家与王辉在她工作了50多年的原广东省人民银行旧址前合影。右起依次为：王毅强的女儿司徒剑萍、王毅强、王毅强的母亲王辉（坐轮椅者）、王毅强的妻子易向东

捞鱼给妈煮粥催奶。爸爸和耿同金回忆着在上庄战斗和工作的日子，妈妈在一旁深受感动，对我留在耿家更觉放心。

随即，妈妈跟耿同金说："你愿意来晋察冀边区银行工作吗？那里需要一些干杂事的工作人员，你如愿意，我将你介绍进去。"我干爹（耿同金）回家一商量，家里不同意，怕跟队伍走了，打仗死在外边。后来，爸爸说，那就等打完仗，带他进北京工作。可惜因爸爸出事，耿同金最终没有盼到那一天的到来。

爸妈离开我以后，为了减轻耿家的负担，将在张家口制作的放底片的木箱子放满了小米、奶粉，托警卫员带去耿家。耿家将底片箱一直保存到2004年，在石家庄双凤山陵园的沙飞雕像和沙飞纪念馆建成揭幕时，亲手交给我作为永久的纪念。

我在上庄住了不久得病发烧，干爹迅速通知我爸妈，我爸爸立即叫警卫员接干爹、干妈带我到画报社找医生治病。后来，爸妈随部队离开阜平就再没回来。1950年爸爸出事后，石少华叔叔随即安排警卫员到上庄接我进了北京的八一学校。那时，我才3岁。从此，我就与阜平、上庄失掉了联系，这一走就近40年。

第十一章

沙飞之死

石家庄：沙飞生命的终点

2014 年 7 月 28 日晚，我们离开井陉矿区，驱车赶往石家庄。夜幕中，天空飘着小雨。车里很安静，车窗外灯火无声地流曳，也许是连日来的疲惫，也许是大家心中另外一个不愿触碰的原因。

石家庄是我们此行的最后一站，也是我们情感上最复杂的一站，因为，这里是沙飞生命的终点。

第二天，晴转阴雨，《寻找沙飞》摄制组来到白求恩国际和平医院。一进医院正门，白求恩的塑像映入眼帘，马路两旁的梧桐树高大挺拔。流连在医院内的白求恩纪念馆，看着一幅幅沙飞

日本籍医生津泽胜

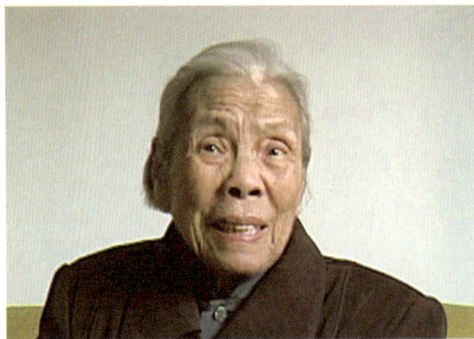

1998 年，王辉接受采访（视频截图）

拍摄的白求恩旧照，我们默默无语、不胜唏嘘。这里就是当年沙飞住院和枪杀日本籍医生津泽胜①的地方。

1995 年，沙飞的妻子王辉在广州回忆沙飞事件前后的经过时说："北京解放后，我被调到北京。当时，沙飞已经在医院了。我要求把他调到北京来，这里的医疗条件比较好。后来，组织已经同意派人去了，结果碰到这个事情发生。"

沙飞的老部下和战友孟昭瑞回忆说：

1949 年 12 月初，石少华派我去石家庄接沙飞出院，这是第二次见他，我当时不到 20 岁……他恨日本帝国主义，恨日本医生害他。我看见他擦枪，他说，枪还能用，我已试好枪，打死他，反正也死不了。

这时，津泽胜进来。沙飞对我说："就是他，我要打死他，他差点儿没把我害死。我肺病最严重的时候，他不给我

① 津泽胜，河北张家口原"蒙疆中央医学院"医生，日本投降后，于 1945 年 10 月，追随院长稗田宪太郎参加八路军，在白求恩国际和平医院担任内科主任。

吃药，叫我每天走 10 里路，运动疗法。我没听他的，
要不早死了，我按我的方法治。"

我怕完不成任务，每天劝他走。他说："我还有事，
你先走。"他从没拿出照相机。我在石家庄一星期，没
给他照相，很遗憾。我回京向石少华汇报，他说过一段
时间再说。没几天就出事了，我不敢跟别人说，沙飞曾
提出要打死日本医生。

【北京军区军事法院"沙飞案卷"摘抄，1981 年】

当时沙飞的警卫员奚文斌回忆：

出事那天，我们准备走。沙飞让李有志叫津泽(胜)
来，问他路上要带什么药、注意事项、如何安全。津泽
给他开了两种药，说其他药不要吃，要养。津泽（胜）
要出门时，我们二人在边上不注意，（津泽胜）医生走
了不到两三步，沙飞开了一枪，后又开了一枪。

我出去叫人，李有志在房里照顾，叫人来看，李
有志和沙飞都在。后来，石家庄法院就把我们 3 人一
块弄到法院。以后，就不知道怎么回事了。沙飞认为，
他在抗战中脚被冻伤，现在想报仇。小日本欺负咱们
多年，想报仇。那时，和平医院日本人多，他对日本
人有仇。

【北京军区军事法院"沙飞案卷"摘抄，1981 年】

殷子烈的讲述

2014 年 8 月和 2015 年 1 月，我们在北京两次采访了殷子烈先生。他的父亲殷希彭[1]将军曾任华北军区卫生部部长兼军医学院院长。当年，殷希彭送两个儿子参加了八路军。长子殷子刚和次子殷子毅在不到一年时间内，先后在战斗中壮烈牺牲。

殷子烈讲述了沙飞枪杀日本籍医生津泽胜的往事：

当时，沙飞要出院了。津泽胜带着医生去看他，问他还需要什么药、注意什么事项。就在这个节骨眼儿上，沙飞就脑子发热了，一下子把警卫员的枪夺过来，上去就给了津泽胜一枪。这一枪大概是没打死，接着打了两枪。打完之后，沙飞跳窗户跑了。

我父亲那时候是华北军区卫生部副部长兼华北人民政府卫生部部长，听到这个消息之后，就从北京赶到石家庄，路上要一天多时间，那时候不像现在这样方便。一是要找到沙飞；二是要了解情况，向聂（荣臻）司令

---

[1] 殷希彭（1900—1974），河北省安国县人，早年留学日本，获得医学博士学位；学成回国后，曾任河北省立医学院病理学主任教授；1938 年参加八路军，1942 年加入中国共产党，历任冀中军区卫生部卫生训练队教务长，后方医院医务长，晋察冀军区卫生部白求恩卫生学校教务主任、副校长、校长，晋察冀军区卫生部部长兼华北医科大学校长，华北军区卫生部副部长兼华北人民政府卫生部部长，华北军区卫生部部长兼军医学院院长，第一军医大学校长，军事医学科学院副院长、院长，中国人民解放军总后勤部卫生部副部长等职；1955 年被授予少将军衔。"文化大革命"期间，殷希彭受到迫害，被打成"反动学术权威"，下放宁夏军马场劳动改造。1974 年 12 月 5 日，他因病医治无效在北京逝世，享年 74 岁。

2014 年 8 月，王雁（左）和刘深（右）在北京采访殷子烈（温晓光摄）

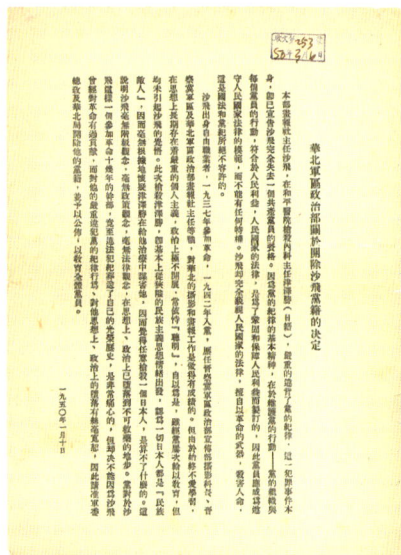

1950 年 1 月 10 日，华北军区政治部关于开除沙飞党籍的文件

左起依次为：白求恩卫生学校教务主任殷希彭、印度援华医生柯棣华、奥地利医生傅莱、白求恩卫生学校校长江一真（1942 年夏，沙飞摄于河北唐县葛公村白求恩卫生学校）

员汇报。医院当时没有部队，抓到沙飞之后，就关押在步兵学校（华北军政大学）里面。我父亲一方面紧急写报告请示；另一方面在医院召开座谈会，稳定大家的情绪。

华北军区政治部关于开除沙飞党籍的决定

本部画报社主任沙飞，在和平医院枪杀内科主任津泽胜（日籍），严重的违背了党的纪律，这一犯罪事件本身，即已宣告沙飞完全失去一个共产党员的资格。因为党的纪律的基本精神，在于维护党的行动——党的组织与每个党员的行动，符合于人民利益，人民国家的法律，是为了巩固和保障人民利益而制定的，因此党员应成为遵守人民国家法律的模范，而不能有任何特权。沙飞却完全藐视人民国家的法律，擅自以革命的武器，杀害人命，这是国家和党纪所不容许的。

沙飞出身自由职业者，一九三七年参加革命，一九四二年入党，历任晋察冀军区政治部摄影科长、晋察冀军区及华北军区政治部画报社主任等职，对华北的摄影和画报工作是做得有成绩的。但由于始终不爱学习，在思想上长期存在着严重的个人主义，政治上极不开展，常依恃"聪明"，自以为是，虽经党屡次给以教育，但均未引起沙飞的觉悟。

此次枪杀津泽胜，即基本上从狭隘的民族主义思想情绪出发，认为一切日本人都是"民族敌人"，因而毫无根据地怀疑津泽胜在给他治疗中谋害他，因而觉得任意枪杀一个日本人，是算不了什么的。这说明沙飞毫无阶级观念，毫无政策观念，在思想上、政治上已堕落到不可救药的地步。

　　党对于沙飞这一个参加革命十几年的干部，竟至违法犯纪葬送了自己的光荣历史，是非常痛心的，但却不能因为沙飞曾经对革命有过贡献，而对他的严重违犯党的纪律行为，对他思想上、政治上的堕落有丝毫宽恕，因此请准军委总政及华北局开除他的党籍，并予以公布，以教育全体党员。

一九五○年一月十日

张鼎中的回忆

　　时任华北军区政治部副主任张致祥在 1998 年回忆，当时，他在处决沙飞的报告上签了字，但朱良才主任不肯签字。于是，张致祥把报告面交聂荣臻，说调查报告的结果是"沙飞精神正常"。聂荣臻说，那就挥泪斩马谡吧！

　　2001 年，当年的行刑官张鼎中在接受采访时说："那是（19）50 年的 3 月 3 号，我坐火车到了石家庄，到华北军大保卫部。当天晚上，他们把情况介绍了一下。我 4 号上午就在办公室（见到沙飞），（沙飞）穿着军装、戴着军帽。这是我第一次看见他，然后我说，我现在就给你宣布判决。念完以后呢，他一句话也没讲，警卫就把他带出去了。"

　　2013 年，张鼎中所著《开国秘密战——我在军法处八年》一书出版。在《送沙飞远行》一节中，他真实记述了沙飞被执行死刑的全过程，节选如下：

……

二、接受执刑任务

我接到张致祥副主任电话，要我尽快到他办公室接受任务。张致祥说："今天正式向你交代任务，以军法处名义起草判决书。"随手将步校的审理档案、报告和首长批示交给我，交代我说："做好执行死刑的一切准备工作。这事由你亲自办理，由你赴石家庄宣判、监督执行。你要尽快地认真地把这件事办好。"

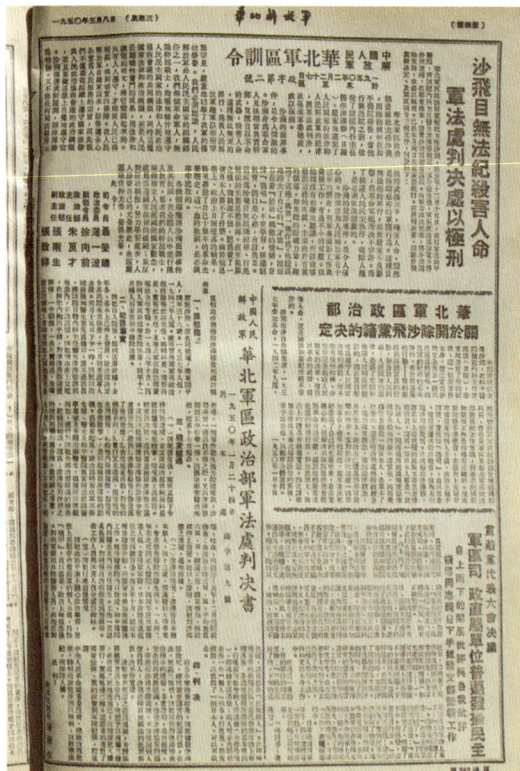

刊登沙飞被处决消息的报纸

三、见到沙飞

按要求，我起草了判决书。经上级审批，在执行沙飞死刑的前一天，(1950年) 3月3日，我带警卫连副连长吕万来和看守员王习味一起赶赴石家庄。

到石家庄后，首先向高级步校（即华北军大）领导传达军区党委关于判决沙飞死刑的决定，而后与步校保卫部唐部长商量如何向沙飞宣判和执行死刑问题。

当天，我提审沙飞。沙飞说："打死日本特务，我不是一时冲动，是早有思想准备的，是为了报仇。"他表示：“这件事、军区首长、聂司令员、肯定会知道的，他会公正处理的。”我以沉默相对。沙飞说：“聂总的决定、我一定服从。”

四、刑场一再延缓

1950 年 3 月 4 日上午，在高级步校一个较大的会议室正式宣判杀人犯沙飞死刑。沙飞到庭后，全体站立，我宣读判决书。

中国人民解放军华北军区政治部军法处判决书

一九五〇年二月二十四日于本处

法字第九号

为判处沙飞枪杀津泽胜致死处以极刑事

一、罪犯简历

罪犯沙飞、原名司徒传、广东开平人，现年三十八岁。一九三七年入伍、一九四二年入党。历任晋察冀军区政治部抗敌报社副主任、编辑科长、摄影科长、画报社主任，及华北军区政治部画报社主任等职。于一九四八年十月，因肺病入军区干部疗养院休养，同年十二月转入石家庄和平医院治疗。

二、犯罪事实

该犯自入院后、肺病逐渐好转、去年冬，基本上已停止发展，本部决定令其出院来京休养、十二月初并派

219

专人去接。同月十五日下午一时，该犯以出院前征询医生意见为借口，派其通讯员，将该院日籍内科主任医生津泽胜诱到他房内，正谈话间，该犯突由床上立起，在裤兜内掏出手枪，对准津泽胜连发两弹：一中头部，一中左臂擦过，津泽胜立即倒地；当时有该犯之两个通讯员在场，一个事件发生后去院部报讯，沙飞乘另一通讯员不备之际，又向津泽胜头部正中射击一弹，因伤中要害医治无效，延至十七日毙命。

三、检查经过

（一）该案发生后，本部立即下令将该犯逮捕，并立派本部徐桐岗科长赶赴肇事地点检查，情况与上述相符。经审讯该犯，直供蓄意枪杀津泽胜不讳。复因该犯供称怀疑津泽胜在诊疗中有意谋害他（提出 1.津泽胜给他打针促进了他的发烧；2.告他起床活动，对他的病情不利；3.实行 x 光透视，损害他的生理机能；4.给他内服樟脑酸，对他有生命危险等），是引起枪杀津泽胜的动机。

为郑重起见，本部特责成军区卫生部、医大及和平医院负责同志组织医学专家及有关治疗医生，根据所供怀疑四点，进行对该犯全部治疗经过的检查，经做出结论，认为：津泽胜对沙飞之治疗与用药均属合理，最明显之事实，是沙飞入院时病情严重，不能起床、头痛、吐血、出盗汗；去年十二月出院前检查：血沉每小时 3mm，平均数为 6mm，体温正常、体重增加、肺结核停止发展。从以上证明，该犯对津泽胜之怀疑，毫无根据。

（二）津泽胜情况：津泽胜，日本熊本县人，四十三岁，伪满医科大学毕业，曾在察南医院做医生四年，一九四二年在北京开私人医院，（一九）四四年应日军征募入伍，当陆军军医。日本投降后退伍住北京西观音寺。（一九）四五年十月，经日本解放联盟介绍，到张家口参加我军医务工作。历任医学院内科教授、和平医院内科医生及内科主任医生。工作一贯认真负责，对病伤员治疗态度诚恳亲切。在工作人员和休养人员中威信较好。

（三）该犯行凶前后情况

该犯由于平素不关心政治学习，思想上长期存在着严重的个人主义，自恃"聪明"，自以为是，政治上极为落后。对我军雇佣日籍医务人员，向抱反对态度，对给他治疗的日籍医生，则极端仇视，认为都是"民族敌人"。此种极端有害的狭隘的民族主义思想与政治上极端落后，是造成枪杀津泽胜的基本原因。行凶前该犯人曾向人借过枪（未借给他）、擦过枪并试过枪，向人暗示出院前要作一件"惊人"的事。行凶后，态度镇静，以为杀了一个"日本人"，可以不抵命。

四、判决

综合全案检查结果，该犯枪杀津泽胜致死，确系蓄意谋害的犯罪行为。依法，应处以极刑。该犯所供对津泽胜在治疗中的怀疑，事实证明，毫无根据，完全出自武断臆测。即使津泽胜有问题亦应依法律手续处理，不容任何个人擅自杀人，沙飞此种目无国法的犯罪行为，决不能宽待。

该犯曾在犯罪之前试过枪，并设法将被害者诱至室内，突然予以连击三枪，必欲置之死地而后已，此种侵犯人权罪行实属凶残已极。这严重的违反了国家法律、党的政策与军队纪律，经呈请中央人民革命军事委员会、总政治部批准，特判处罪犯沙飞以极刑，以严肃法纪，而保障人权。

此判！

兼军法处长

张南生

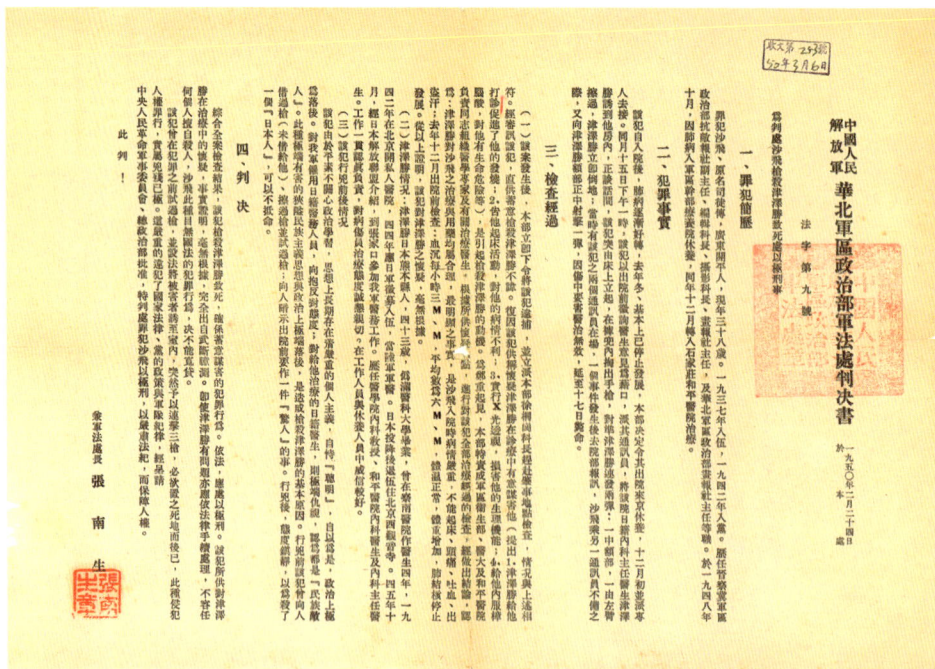

1950 年 2 月 24 日，中国人民解放军华北军区政治部军法处对沙飞的判决书

宣读完判决书，我问沙飞："你听清楚了吗？"

沙飞停顿一会儿，说："听清了。"

我又问："你服罪吗？"

这时，沙飞指着判决书，问："能让我看一下吗？"

我说："可以。"当场交他看。

沙飞仔细地看完后问："聂荣臻司令员知道吗？"

沙飞确实不甘心就这样呀，他实在不理解杀"日本特务"的人怎么会被处以极刑。而这样的决定，一定没经过聂司令员。

我有准备，双手将步校呈送的报告及聂司令员亲自批准判决沙飞死刑的文件一并交与他。

沙飞对聂司令员的字迹非常熟悉。他仔细看罢聂司令员亲笔签字，再无他念。对着文件，沙飞见字如面，叫一声："聂总！"哽咽掉泪了。沙飞停止了哭泣，眼神投向我。

我再次询问："你服罪吗？"沙飞沉思了一下，回答："服罪。"接着他又说："现在就执刑吗？"

我说："是的。"沙飞又停顿了一会儿说："可不可以让我换换衣服？"我说："可以。"

依沙飞吩咐，看守战士从监房取来一个布包袱，内有沙飞的衣服。沙飞把包袱放在椅子上打开，一件一件地换，脱下旧的，换上比较干净的。我们静静地坐着，看他的一举一动。沙飞非常镇定，从容。大约半个小时过去了，他收拾停当。现场没有人催促，时间完全由沙飞自己掌握。

我问："还有什么要说的？"沙飞："没有要说的了。"

沙飞押赴刑场，其实根本没有押解。我和唐部长随在左右，其他人员跟随其后，就像平时散步一样，由沙飞带路，大家一步一步向石家庄北郊刑场走去。行走中我们无话。

走着说着，一副棺木摆在前面。糟！俗话说："不见棺材不落泪。"根据我们商定的安排，棺木置放于隐蔽处，避免给沙飞以刺激。不想他们给落实成这样了。沙飞倒没什么意外，很坦然地步向棺材。

我们一齐在棺木旁站定。这是一口很好的棺木，沙飞的归宿绝不能等同其他罪犯。我问："你看还需要什么？"沙飞看了看棺内已铺好他的被褥，指了指前面部位，意思是那儿还有问题。我明白了，低声说："枕头马上就有。"

战士跑步去取回一个真正的枕头。沙飞平时所枕，是他那个衣服包袱，从战场到病房再到监房，皆如此。枕头摆放好，我仍然不发话。我是急性子，暴性子，但这一天，我确实愿意为沙飞多做些什么。

沙飞换衣服的每一个动作都在感动着我。我与沙飞素昧平生，可我与他的情感交流，恰是从他换衣服开始的。更多的死刑犯，到这时早已崩溃，身体瘫软，乃至屎尿俱下。可我看到，眼前的每一秒，对沙飞都那么美好。那是因为沙飞有一个美好的心灵，并且以此装点生命尽头的每一分每一秒。他那么热爱生活，热爱这个国家，热爱这个国家的人民。为抒发这个热爱，艺术上他追求极致。为捍卫这个热爱，他不惜采取极端。

沙飞向四周看了看，问："还要我跪下吗？"

他的冷静，他的安详，以及他的高傲，都在最后这

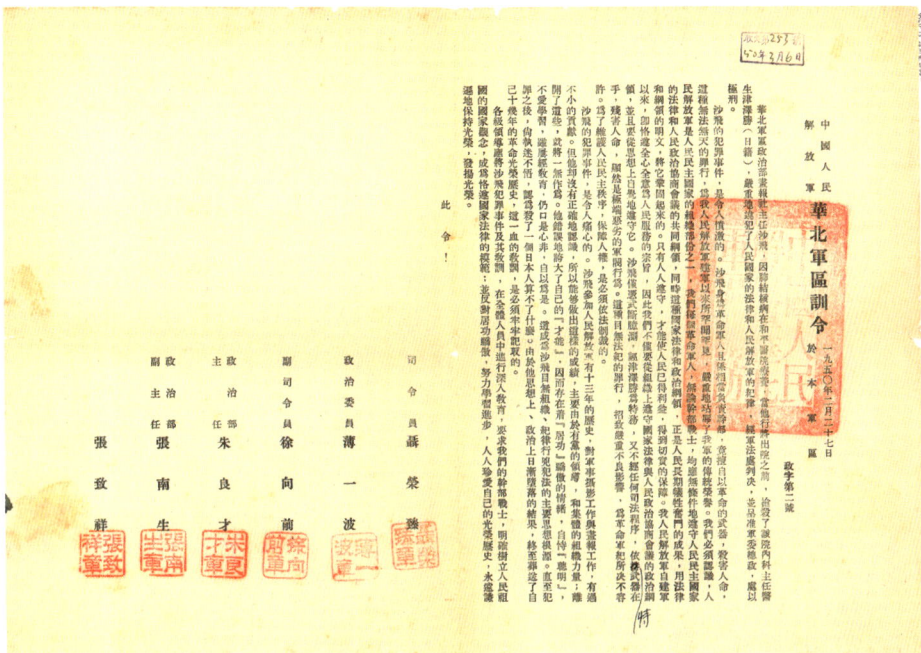

1950 年 2 月 27 日，华北军区关于沙飞事件所发的训令

一问中。

　　我温和地说："不用。"

　　沙飞肯定准备了充分的理由争取站立。当他临刑前的所有愿望都无障碍地得到实现时，他反而茫然了。他望着我，不知道该怎么站，不知道该迎着枪口还是背着枪口。

　　我说："你就站着，朝北看。"

　　沙飞伫立北望。"砰"一声枪响，沙飞永远走了。

2001 年，王笑利（左）、王雁（右）看望张鼎中

目击证人王朝秀

2014 年 7 月 30 日，烈日当空。下午，我们从太原驱车来到汾阳，找到汾阳中学教师宿舍王朝秀老师的家。她是汾阳中学退休语文教师，也是处决沙飞现场的目击证人，当时刚刚从华北军政大学毕业，在华北军政大学保育院当保育员。这位 80 岁的老兵对往事记忆犹新，讲起沙飞之死老泪横流：

意外的早晨

我 1949 年 3 月参军，华北军大预科毕业以后，分配到军大保育院，让我在那儿哄孩子，大概可能是因为我文化程度低吧，参军前才上过一年小学。孩子都是革命干部子弟，纪律就是不让骂也不让打。

那天吃早饭的时候，大锅饭嘛，都在院里吃饭呢，看到一个拉棺材的车，从我们保育院的楼门就进来了。我们那个楼在石家庄还挺出名，叫小白楼。

大家一看挺惊讶的，就跑去问那个拉车的老头："怎么回事啊？给我们拉进来一个棺材？"老头说要枪毙个人，是部队的……说他打死了一个日本人。我不知道别人怎么样，反正我听了不舒服。咱们虽然年纪小吧，但日本人侵略中国、七七事变、卢沟桥，这些都听说点儿，打死了日本人就要枪毙咱们的人？而且是部队的，心里头怪不平静。

我们楼前头是个土马路，离和平医院不远，离那个军大礼堂不远，离市区还有相当距离，所以，没有修马路，是土路。我们门前过了一辆小吉普车，赶车的老头看见小吉普车开过去，就把拉棺材的车赶出去了。我们觉得那个车里拉的就是要枪毙的人，大家都不吃饭了，就跟着马车和小汽车跑。

我们那边比较荒凉，一直跟着车跑，好像是在楼左边，往左边跑，跑了不知道多远，有个百十来米，也说不来，反正跑到一块空地上，什么都没有，没种庄稼。

那个小吉普开上去停下来，从车里头下来三个人，他们都是冀中口音，都穿军装，有两个扛枪的；有一个什么都不拿的，后来细看，领章、帽徽也没有；我心里头想，肯定是要毙他。

王朝秀的青春戎装照（王朝秀提供）

现场见证

一共两个人、两个带枪的，加上沙飞三个人，坐小汽车来，其他就都没人了，所以，沙飞的孩子们会觉得我是个旁观者，是个见证人，在后边……有十几二十个人，10个人以上吧。

扛枪的就站住了，另外一个扛枪的就带着这个……就是沙飞吧，那时不知道他叫什么，往前走，我也说不清，有80来米？站住了，他一回头，后面拿枪的那个人好像举了举手，可能是打个招呼，意思是要执行。完了，沙飞就背朝这个打枪的站着。

那个人就离开沙飞，往旁边走了几步，就举起枪来

军营里的王朝秀（后排左）（王朝秀提供）

了。我们两头看，又看沙飞，又看这个举枪的人。到现在，有时候想起这一幕，我都十分难受。

子弹是打中了后头，就打一枪，打一枪，沙飞就趴那儿了。执行那个人举起枪来，吓得那帮孩子都……我们都把脸捂上了。像我就特别小，看都是这么露着眼，就这么看着开了枪。

那一枪以后，（沙飞）就趴在前头了，后边这个战士也跑上去。两个战士又把他翻过来，拉棺材那个老头就把棺材拉到跟前。他们又跑到车里头，拿块军毯，给沙飞铺到棺材里头，完了，慢慢地把沙飞抬起来，放到棺材里头。

那两个战士对沙飞好像挺尊敬似的，翻过来慢慢的，从小汽车里面拿出棉花来，不知是什么纱布，一堆白的，擦脸上的血，还把他的帽子扶正，小心翼翼的，也是很同情。不过，不管怎么样，生命没有了。执行的那个人，好像打枪的时候还（向沙飞）敬了一个礼。

悼念的小诗

当时，我看着沙飞的步履缓和、平静，没有说话，也没有控诉，没有抱怨或者接受不了。后来听说，沙飞要求不跪，不跪下，站着死。

就在这个时候，我们吹号了。军队上班是吹集合号，我们一群人就不敢在那儿了，就赶紧跑，都跑回去，就看到这儿。回去以后，饭也不能吃了。中午饭我也没吃，我就想不通这件事情。

咱心里头对日本人也是挺仇恨的，杀了我们那么多人，他们谁偿命了？咱们杀了他一个就偿命。那时也不知道沙飞的历史，啥都不知道，反正知道他是我们部队

王朝秀（右）接受采访（刘深摄于王朝秀位于山西汾阳中学教师宿舍的家中）

的，打死了个人，——和平医院给他看病的一个日本人，就知道这些。

当时回去后，我心里不平静，饭也不吃了，晚上也睡不着，就想这件事情，我还做了一首悼念他的诗。第二天一上完早操，我就跑到那个地方，看到那个地方堆起一个新坟——一个新土堆。

总之，看着他入了棺材，是不是埋在那儿了，我也不知道。我就跑到那块地方看看，去了就看到这个墓，写的是"沙飞之墓"，白色的木牌子有这么宽，有这么高，我就知道他叫沙飞了。

当时，我心里头的这个事儿放不下，每天下晚操就跑去了。悼念完了，我就把晚上睡不着做的悼念他的那首诗，在他墓前给他念了。念完，我就跑回来再吃饭。谁也不知道我去，我没有让任何人随我去，我怕人家和我不一样想法。我每天都去，有20多天。

告别沙飞墓

沙飞在和平医院住了一段时间，他有肺病，白白胖胖的，挺年轻的。其实，那阵儿他已经38岁了，我看他像20多。20多的他就有枪。我当兵后知道，我们文工团连以上的干部才有手枪，我们训练的时候都是用步枪。我觉得，沙飞20多岁就有手枪，至少是连以上干部。

所以，我就很有感触，为了日本人，就把我们这么一个优秀的青年干部……而且觉得他贡献挺大的。连级干部不是谁都能当的。我们去的时候都是战士。我们那一批华北军大的女生是在解放以前和解放以后，特殊招的一批排级干部，400个女生。所以，我们去的时候是

王朝秀（左）与刘深在山西汾阳医院合影（温晓光摄）

排级，其他那些小孩儿们都是战士……

后来，第一野战军和我们华北军大要100个女生，里头就有我。部队紧急集合以后，公布名单，不让你问什么，也不跟你预先谈话。好像我们那儿就走了我一个，让我出列，说回去打背包，马上集合。我们走的时候，那100人还有个照片。打好背包就上车，所以，我也没有跟沙飞墓告别就走了。当时，我心里头这件事还是放不下，可是也没办法。

与沙飞的缘分

那是1950年4月份，不知道因为啥就把我留在文工

王朝秀（右）接受采访时流下热泪（刘深摄于王朝秀位于山西汾阳中学教师宿舍的家中）

团了，大概因为我会点风琴。留文工团的连我5个……留在文工团的有5个是军大的，其中一个同志后来当了新华社的记者，和我非常好，我在北京上大学的时候，每个礼拜六礼拜天在她家，就和她爱人熟了。

他爱人叫葛力群，退休以后出版了一本书，是老摄影记者的影集，叫《难忘的瞬间》。我翻着看，有一张沙飞的照片——《战斗在古长城》。我说这个沙飞，是不是我见过的沙飞啊？我就赶紧翻，后头还有写沙飞的一篇，我一看，就是！（1950年）3月4号枪毙的。那篇写沙飞的文章，对他的事迹、他的贡献，他是摄影界的老前辈，他的整个历史，大概都说了。

后来，我还参观了不少沙飞的影展、广州影展、深圳影展、平遥影展、石家庄影展……他的子女们寻找沙飞走过的路，当年晋察冀边区阜平那边，石家庄沙飞塑像揭幕也参加了。

第十二章
两个家庭的悲剧和痛苦

英魂归处

2014 年 7 月 27 日，《寻找沙飞》摄制组来到河北阜平烈士陵园，这里有一座纪念沙飞和晋察冀画报社烈士们的英魂碑。笔者心里明白，之所以叫"英魂碑"，在措辞上是有所考虑的，因为沙飞不是烈士，被立碑人含糊地冠以"英魂碑"。

更加令人唏嘘的是，这里还安葬着沙飞的老搭档——晋察冀画报社政治指

王雁在刻有沙飞及其战友名字的英魂碑前（刘深摄）

导员赵烈。赵烈是和晋察冀画报社的8位战友一起在柏崖村遇难的，因为他的级别较高，因而被安葬在阜平县里的烈士陵园。其实，何如在赤瓦屋村烈士墓地里与8位战友同眠？

2014年7月29日上午，《寻找沙飞》摄制组找到石家庄殡仪馆旧址。白求恩国际和平医院行政科原干事周保山在2003年回忆，沙飞墓经两次迁移，最终迁到石家庄老殡仪馆外墙附近。他是沙飞墓地最后一次迁移的经办人，他说："当时打开沙飞的棺材，看到棺材都快沤烂了，就不敢动了，把底下弄开以后，把板子扶上，连原棺材套放在一个大棺材里。"

从20世纪末开始，沙飞的后人多方寻找沙飞墓地。因标志尽失，而且周围有多个墓穴，难以逐一挖开辨识，他们决定放弃寻找。

2004年，周保山在河北石家庄接受采访

李、篮副部长：

　　沙飞生前衣物已大致妥当处理。沙飞私人物品已交王辉同志收存。有关工作用品由社内保存使用。棉衣单衣等陈旧了，现存库房听候指示处理。此外有沙生前摄制之鲁迅先生底片廿余张除一张外皆遗失。望设法追查。（批注：在何处遗失的？）

　　布礼！

　　　　　　　　吴群　李遇寅

　　　　　　　　三月廿二日

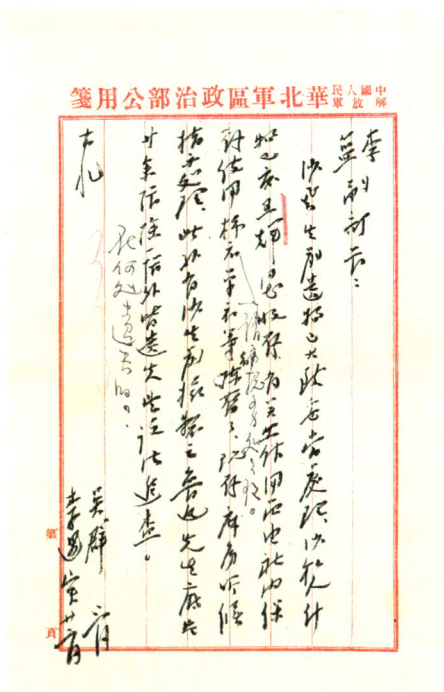

1950 年 3 月 22 日，沙飞的战友吴群、李遇寅所写追索鲁迅照片底片的信

叶部长：

　　关于沙飞所摄制之鲁迅先生的底片，来时他要求自己保存，怕给他遗失，当时负责检查的同志认为那是和他的案情无关的东西，为了照顾他的情绪就交给他了（现在检讨起来是不应交给他的）。但最后处决他的时候，由于工作上的

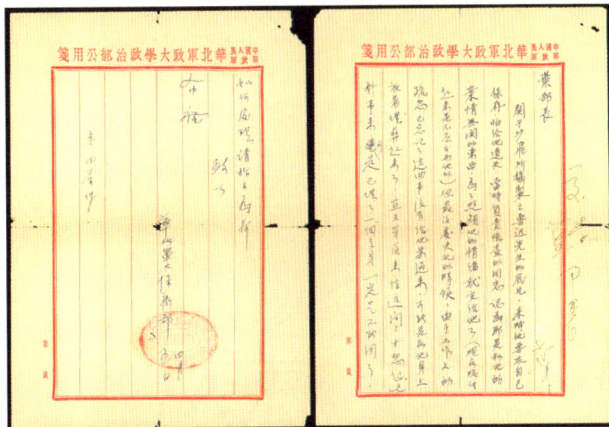

1950 年 4 月 5 日，华北军政大学保卫部关于鲁迅照片底片问题，给华北军区政治部保卫部部长叶运高的回复

疏忽已忘记了这回事，没有给他要过来，可能是在他身上放着埋葬起来了，直至军区来信追问，才想起这件事来，可是已埋了一个多月一定是不能用了，如何处理请指示为荷。

致以

*　　布礼*

*　　　　　　　　　　　　　　　　　华北军大保卫部*

*　　　　　　　　　　　　　　　　　四月五日*

寄回原件

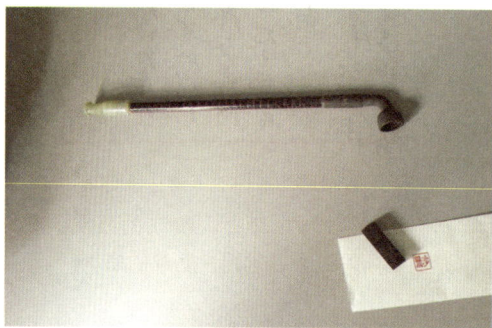

沙飞生前使用的烟袋锅儿

沙飞的印章

2014年7月29日下午，我们来到河北省英烈纪念园。这里建有迄今唯一的沙飞纪念馆，里面存放着沙飞生前使用的印章、烟袋锅儿等遗物。此外，还有《晋察冀画报》创刊地——河北平山县碾盘沟村村民捐出的画报社物品。顾棣在张家口制作的装照片底片的木箱，一直由河北阜平上庄村民耿同金保存，后来转赠其义子、沙飞次子王毅强，王毅强捐赠给沙飞纪念馆。

这一天，《寻找沙飞》摄制组拍摄的最后一组镜头，是矗立在河北省英烈纪念园中的沙飞塑像：这是一座全身立像，沙飞身穿军装，挎着照相机，英姿勃发地看着远方……在塑像的基座正面，镌刻着王辉手书的沙飞语录："我要像一粒小小的沙子，在祖国的天空中自由飞舞。"2005年，王辉逝世之后，其子女将她的骨灰葬于沙飞塑像之下，从此，这里便是王辉与沙飞灵魂相伴相守的永恒之地。

笔者临时找到一张白纸，在上面写了"寻找沙飞"四个字，

2007年11月，王达理将保存了几十年的沙飞印章（石少华保存至1966年，后交给王达理），忍痛捐赠给河北石家庄双凤山陵园。捐赠前，他默默地在一张纸上盖满沙飞的印章，依依不舍。

沙飞纪念馆里，摆放着晋察冀画报社当年的用品和沙飞的遗物（刘深摄）

我要像一粒小小的沙子，
在祖国的天空中自由飞舞。

——沙飞 （1912.5——1950.3）

93岁 王辉抄录 2004春

《寻找沙飞》摄制组全体成员在沙飞塑像前拜祭（温晓光摄）

安放在沙飞塑像的基座前。随后，《寻找沙飞》摄制组全体成员拜祭沙飞——默哀、鞠躬、敬献鲜花，以这种方式，在这个庄严肃穆的时刻，作为纪录片《寻找沙飞》杀青的仪式。

无尽的悲伤

从 2014 年 7 月到 2015 年 1 月，笔者分别在太原和北京三次采访顾棣先生。

尽管他的恩师沙飞离开这个世界 60 多年了，但是，他的悲痛心情始终没有被时光磨灭。谈到沙飞之死，他在摄像机前眼含热泪：

> 对沙飞的冤案，我几十年放心不下。解放以后，我到了北京，他在石家庄住院。那时候，我很忙，后来听说华北画报社曾经派人接过沙飞，他不愿意回来。他

说，还有一件事情没办，办好之后就去北京。

没想到，他说的没办成的事，就是杀死这个日本医生。津泽胜是给解放军治病的，不是敌人，但是，沙飞有些精神不正常，就觉得他要害自己，所以，在出院前就杀死了这个医生。

沙飞为什么会得精神病？有一个原因就是积劳成疾。他工作起来是不要命的，工作狂，为了达到目的锲而不舍、勇往直前。我受他的影响，也是这样的人。他是南方人，身体本来就不好，还有肺结核病，到北方以后，战争太残酷，长期积劳成疾，身体受到影响。

第二个原因就是战友的牺牲。晋察冀画报社在1943年两次遭到敌人的突袭。一次是在曹家庄，1943年4月，4个人负伤。当时有个著名摄影家雷烨牺牲，对沙飞的打击很大。1943年12月，在阜平遭到了第二次突袭，这次死了9个战友，4个负伤，还有1个被俘。他自己也差点儿牺牲，受了重伤。这个事件加重了沙飞的病情。

沙飞那时候才30多岁，就说是老头子。有人说他有精神病，有时候会在房间里自言自语。还有一种表现，就是自己往前走，走着走着就往回返，这是我亲眼看到的。

有一件事，我认为和他的病情有关。在张家口，我们缴获了日本物资，就运输到了印刷厂，提高了《晋察冀画报》的发行数量。解放战争一开始，从张家口撤到涞源，上级宣布画报社与印刷厂、图片社分家，从180多人，只剩二十几个人。沙飞为此和晋察冀军区政治部张致祥副部长大吵一架，这是1945年9月的事，对沙

2014 年 7 月，顾棣在山西太原家中接受采访（刘深摄）

飞刺激很大。到了根据地以后、他什么权力都没有了、领物品要上报管理处批，连买墨水的钱都没有。

　　精神病患者是不能自控的。草草率率就枪毙他，我们始终不太满意这件事，但是，得服从组织决定。我抱着一肚子的不满意，几十年不敢说。

　　后来，我研究沙飞、红色摄影事业、晋察冀事业。我只有小学学历，完全靠着对党的忠诚和对恩师的报恩之情，才给我动力。我完完整整地记录他的故事，来报答我的感恩之情，现在想，对自己也是一种安慰。

　　沙飞的去世，我觉得是党的悲剧、红色摄影的悲剧、共产党的悲剧、解放军的悲剧、家庭的悲剧。他是

241

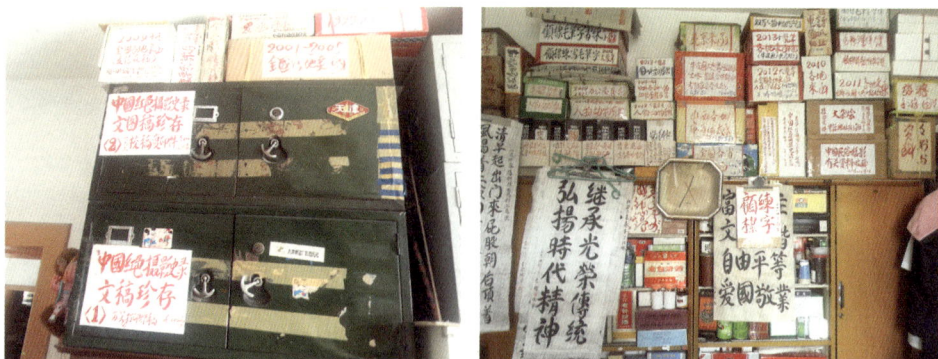

顾棣家中收藏的抗日战争摄影史料（刘深摄）

共产党的高级干部，应该按照法律进行审判、考证，但是很草率。前后就两个多月，死在共产党的枪底下，真的是共产党的悲剧。对于这么一位高级干部，这么草率地处理，太不应该，应该按照法律程序。但人都去世了，再怎么说也没用。恢复了沙飞的党籍，给了抚恤金，但是，能有什么用？！

沙飞的死是国家的损失，特别是摄影事业的损失，更是中国社会的损失。对于沙飞的家庭来说，是悲剧、生命的悲剧。沙飞的学生和朋友都很痛苦，让我现在想起来都很悲痛。

沙飞事件潜因说

王朝秀老人在谈到沙飞之死时说：

我那阵儿为啥同情他？一个就是对日本人的仇恨，觉得咱们打死他一个为啥要偿命？另一个就是看这个沙飞啊！我觉得他太可怜了，这么一个有贡献的年轻人，因为打死一个日本人就枪毙，无论如何，我接受不了。当然，我是个兵，我也不敢和别人说，怕别人说我同情反革命，因为那是华北军区批准枪毙的。

到现在，我一想起这件事就难受得要命，越觉得沙飞这个人太可惜了，悲剧式的。这件事情对我震撼挺大。特别是当兵以来，我没有见过枪毙人，而且枪毙部队的人，还是打死个日本人。

那刑场上谁都没有，没有战友，没有亲人，没有花圈，没有人悼念他，就他一个人，就是执行者和我们这帮看着的孩子。

我觉得，那么一个同志，没有8年抗日战争仇恨的积累，沙飞为什么有枪不杀别的人？为什么要杀个日本大夫？后来说他有神经病，为啥不杀别人？那都是日本人害的。一看到日本人这么嚣张，这件事就老在我心里头惦记着。日本还要制造多少悲剧？还要杀害多少中国人？

日本沙飞研究会会长来住新平先生也认为，日寇在晋察冀地区的"扫荡"中残杀中国军民的暴行深深地刺激了沙飞，并埋下了隐患。他在评论沙飞事件时说：

沙飞之所以杀了津泽胜，有一个重要原因不可忽略。1943年，晋察冀画报社被日军冈村部队追击。在冈村部队实行"三光"政策过程中，沙飞和许多同事逃脱了，但是，有几个同事死了，村里的妇女被刺死，婴儿被扔到了煮饭的大锅里。沙飞受到了巨大刺激，所

2014 年 8 月，吕彤羽（中）在北京接受采访（王华摄）

林迈可的夫人（左一）抱着女儿、聂荣臻（左三）、程子华（左四）、班威廉的夫人（左五）、燕京大学教授班威廉（左六）、燕京大学教授林迈可（左七）、吕正操的夫人刘莎（右二）抱着长子吕彤羽（右一）、聂荣臻的夫人张瑞华（右三）、吕正操（右五）（沙飞摄于 1942 年夏）

以，他杀了津泽胜。这是一个悲剧，沙飞和津泽胜都是战争受害者。

2014 年 8 月，吕正操将军之子吕彤羽在谈到沙飞枪杀日本籍医生津泽胜的悲剧事件时说："日本鬼子的惨刑、惨案对沙飞叔叔刺激太深，所以，最后才发生这样的悲剧。"

2015 年 12 月 27 日，我们在深圳采访了黄永胜将军之子黄正先生，他的父亲在抗日战争时期曾经担任晋察冀军区第三分区司令员。黄正在谈到沙飞的悲剧结局时说：

> 从他个人的命运上来讲，这无疑是一场历史的悲剧，令人感到惋惜和感叹。沙飞不顾枪林弹雨，用自己的镜头记录共产党、八路军、抗日根据地的历史，最后却死在自己人的枪下。

2015 年 12 月，黄正在广东深圳接受采访（刘深摄）

　　我是老军人家庭出身，所以，我深深地知道战争对人的精神有摧毁性的影响。很多人在战争的重压下、在生与死的边缘上、当战争结束后，长时间是恢复不到正常状况的。

　　我们可以这么理解：沙飞是一个忠诚的八路军战士，他在战争的重压下出现了精神问题。他的悲剧给两个家庭造成了悲惨的结果。我们想到沙飞、看到他的作品的时候，确实应该深深地反思：反对战争、向往和平是人类永恒的主题。我们一定要珍惜和平，坚决反对非正义的战争。

沙飞之死经过

低调的影展

　　沙飞生前举办过两次个人影展，分别在广州和桂林。无人可以料想到，他的第三次影展会在何时举办，甚至会不会再有，尤其在他被处以极刑之后。极少有人知道，许多为人们所耳熟能详的八路军抗战照片出自沙飞之手。

　　1985 年 11 月 22 日，沙飞影展在北京中国美术馆开幕。常人难以理解这个影展来之不易，背后有很多鲜为人知的阻碍。因为当时沙飞尚未平反，有关部门不允许媒体报道。

　　然而，这毕竟是新中国诞生之后，也是沙飞死后他的第一次影展。杨成武、刘澜涛等老干部，鲁迅的儿子周海婴，还有沙飞当年的战友石少华、罗光达、裴植、顾棣等人都赶来参加，他们用自己的行动表达了内心对沙飞的敬意。

　　此次影展上有一个十分特殊的人物，这就是沙飞的未亡人王

1954年，王辉与5个子女摄于北京，前排左起依次为：王毅强、王少军、王雁；第二排左起依次为：王辉、穿空军军装的王达理；后排立者为王笑利。

辉。2014年9月，沙飞长孙王平在回忆他奶奶参加那次活动的情景时说："我感觉奶奶不是很开心，因为她受到了太多政治上的磨难。几十年了，开影展也没公开宣传，因为当时沙飞还没平反，所以很低调。当然，奶奶也觉得这算是件高兴的事，但从表情上看并不放松。"

心灵的磨难

王少军在讲述母亲王辉经历的痛苦与抗争时说：

> 我父亲出事前，我母亲刚调到北京10多天。突然，石少华找她，说沙飞出事了。我母亲了解完事情的经

过后，勇敢地站出来为我父亲说情：他有贡献，而且，他负过伤，他可能精神上有点儿不正常，不要这样来处理。

决定处决我爸爸的通知下达时，我母亲出差到天津，处决完了以后才通知我母亲。父亲死的时候，身边没有一个亲人。你想想，我母亲作为一个女人，她是怎么样的感受。知道消息后，我母亲把自己关在房间里，一个星期没有出来，眼泪全哭干了。

她把很多事情想透、想通了。带着5个孩子，她必须面对现实。当时，我大哥才16岁，我1岁。她必须用工作充实自己，渡过这个难关。很多事情都要一个人扛着，她不轻易去表露感情，对她的两个妹妹和孩子们什么也不讲，她的内心有多么坚强！

"文化大革命"的时候，有人打不倒我母亲，就搞了个爆炸性新闻，说她老公是被共产党枪毙的。当天，我母亲拖着很沉重的步伐回到家。一看到她的表情，我就知道出大事了。她的表情很凝重，也不说什么。旁边一个人说，你看着你母亲，不要让她自杀。我就想到，肯定是有关我父亲的事。

我理解她，没有直接问过她。她很坚强地说："我不会自杀，做人清白。我要生得明明白白、活得明明白白、死得明明白白。"她受了这么多苦难，都没有抱怨。单位的人斗她、抄家，她都很淡定地去面对，没有抱怨过一句，她见的世面太多了。后来，她还说，不应该怪那些批斗她的人。她的乐观精神、她的大度、她的开朗深深影响着我，也影响着我的哥哥、姐姐们。

1995年办沙飞、石少华摄影展时，我们请了王朝

左起依次为：王少军、王雁、王达理、刘深、王平（冷笑摄于 2014 年 9 月）

秀来广州，住在家里。当时母亲不知道她是看着我父亲走的见证人。王朝秀在家里客厅讲到我父亲走的最后一幕，妈妈默默地听着，一句话也不说。最后，她忍耐不住了，默默地离开，把自己关在房间里很久很久。她有泪也不会当着儿女的面流。

身心创伤

作为沙飞的长孙，王平的心路历程颇为曲折。他在接受笔者采访时，谈起曾经在他心灵阴影中的爷爷：

我听到沙飞很不幸地去世，心里有比较大的阴影。考虑到跟家里很多人有牵连，毕竟经历过"文化大革命"

时代，看过很多人被打倒，很多人有"历史问题"，我心里很复杂，心灵上也有很深的创伤。

高中毕业了，有一次，父亲拿了一张8寸那么大的照片，让我把上面的文字都抄下来。那张照片是说，1936年，沙飞在桂林搞个人影展。陈望道教授，好像还有千家驹吧，他们写了文章。字非常小，可能是从报纸上拍下来的，有折叠的地方又看不清，加上还有很多繁体字。

我抄的时候花了很多时间，当然，也没有抄全，因为有的字看不清楚。当时，一些社会名人、教授对沙飞的评价很高，我也从此开始了解沙飞。

我从小生长在军队大院的环境里。20世纪60年代，家里很简陋，都是公家那些桌子、板凳。我印象中，家里只有两个箱子和一本影集。小时候，我偶尔会翻照片看。我父亲给我照了很多照片。我还发现有沙飞，就是我爷爷的照片。他穿着西装，年轻，很帅气的。

还有一张照片是在飞机旁边，应该是军调部到张家口，来调解国共两党关系的时候，他在飞机旁边采访，留下了那么一张照片。还有一张是鲁迅的照片。对这三张照片，我印象很深，但当时并不知道照片的历史背景。

偶尔看着别人都有爷爷，我自己怎么没有爷爷？20世纪60年代来广州，我只见过奶奶。我问起过爷爷，我父亲就很平淡地说了一句"去世了"。对我来说很神秘的事，他那么一句话就完了，后来再没提过这件事。

到了1975年，我高中快毕业的时候，从几千人里挑飞行员。当时，我身体非常棒，被挑上了，可是政审没过关。县武装部的同志很遗憾，在县里几千个应届生中才选出 3 个，身体最棒的就是我了，结果却政审不合格。我自己估计是跟沙飞有关系，但家里好像一直把沙飞的过去封存似的，都回避这个事。

1959 年，1 岁的王平与父亲王达理（右）、母亲于晶萍（左）（王平提供）

平反之路

从 1981 年开始，沙飞的子女就为父亲平反多方奔走，踏上调查取证的漫漫长途。1985 年的沙飞影展之后，包括沙飞生前领导和战友以及亲属在内的各界人士，纷纷要求重新审理沙飞枪杀日本籍医生津泽胜案件，为沙飞平反的呼声日益高涨。

2014 年 8 月，沙飞长女王笑利在北京回忆了当年为她父亲平反而奔走的往事：

> 1979 年年底，中国摄影家协会的陈淑芬打电话找我，说很多人怀念沙飞，她想从我这儿搜集一些有关沙飞的材料。我很吃惊，多少年来第一次有人对我谈起父亲；然后又产生顾虑，想到父亲的死，不知道能不能接受采访。
>
> 我去找罗光达，他表示支持。我又与自己工作的中学党支部书记谈，得到了允许。我和到京出差的妹妹王雁一起，接待了陈淑芬。我印象最深的是她最后一句

1985 年 11 月 22 日，石少华与沙飞后代合影，左起依次为：王笑利、王毅强、王达理、王雁、石少华、王少军、王平

话："'文化大革命'中的冤假错案很多，很多人现在都正在搞平反。组织上有没有重新考虑解决你父亲的问题？"我们还从没有想过。给父亲争取平反，就是从这句话开始的。

不久。新华社摄影部研究员蒋齐生来信要给沙飞写传记，希望我给予支持。我很高兴。我找石少华。他认为，关于沙飞的文章，由蒋齐生来写最合适。他没有见过沙飞，是研究者。他比战友、家人这些当事人更客观，写出来的文章更有力。

石少华提出了解决沙飞问题的三个步骤：一是写文章，通过文章使人们知道、认识沙飞；二是办影展，使人们在知道沙飞的名字后，进一步对其作品有一个感性了解；最后一步才涉及案子——一定要平反，只是时间问题。

我们全家——我，还有在广州的母亲、哥哥、弟弟

及妹妹们开始打持久战。20 世纪 80 年代初，我们全家
开始为纠正父亲的错案奔波。

5 个兄弟姐妹，仅我在北京工作。整整 7 年，我奔
走于法院、医院以及父亲的战友、亲友之间。那些相识
或不相识的人，帮助我们一步步努力向前走。我也开始
用日记记录长达 8 年的全过程。

据王平回忆："20 世纪 80 年代初，我父亲跟姑姑、奶奶经常
开家庭小会，好像在讨论给沙飞平反的事情。我也感到很新鲜，
有时候就坐在旁边听。他们不光是想给他平反，也讲到他的不幸
去世，这在当时好像都是保密的。"

2014 年 8 月，王笑利在北
京接受采访时说：

> 这个平反说实话也不
> 容易，叔叔、阿姨们都特
> 别支持，让他们写证明什
> 么的，人家就写。而且，
> 他们说了，要是不行的话，
> 你先找我们写，我们死了，
> 起码有笔迹，可以鉴定。
> 当时，我手里有材料，所
> 以，办起来还算容易。后
> 来到了法院比较难，为什
> 么呢？因为有人怕得罪日
> 本人，会不会影响到这件
> 事，后来就是 1982 年日本

2014 年 8 月，王笑利在北京接受采访（刘深摄）

政府篡改历史教科书问题，因此，就搞了七八年。

沉重的文件

经过有关各方的共同努力，尘封 36 年多的沙飞案正式进入军方重新审理和调查程序。1986 年 5 月，中国人民解放军北京军区军事法院对沙飞做出纠正判决，并恢复他的军籍；6 月，中共北京军区纪律检查委员会做出恢复沙飞党籍的决定。

中国人民解放军北京军区军事法院判决书

（1986）京军法刑再字第 1 号

原审被告人沙飞，原名司徒怀，又名司徒传，男，汉族，一九一二年生，广东省开平县人，自由职业者出身，学生成份，大学文化程度。一九三七年二月入伍，一九四二年六月入党。历任晋察冀军区政治部《抗敌报》社副主任、编辑科长、摄影科长、《晋察冀画报》社主任等职。原为华北军区政治部《华北画报》社主任。

原审被告人沙飞，因一九四九年十二月十五日枪杀和平医院的内科主任、日籍国际友人津泽胜一案，原华北军区政治部军法处于一九五〇年二月二十四日以法字第九号判决判处其死刑，同年三月四日处决。其子女对原判不服，以沙飞枪杀津泽胜"系神经病人的危害结果，不是基于狭隘民族主义的蓄意谋杀"为理由，从一九八一年以来多次申诉。

此案经再审查明，沙飞枪杀津泽胜是在患有精神病的情况下作案的，其行为不能自控，不应负刑事责任。原判认定沙飞有狭隘的民族主义思想，政治上极端落后，并以"蓄意谋害"判处其死刑是错误的，应予纠正。为此，判决如下：撤销原华北军区政治部军法处一九五〇年二月二十四日法字第九号判决，给沙飞恢复军籍。

北京军区军事法院

一九八六年五月十九日

1986年5月19日，中国人民解放军北京军区军事法院关于沙飞一案的再审判决书

(1986) 纪字第 29 号　　　　　　　　　　秘密

中共北京军区纪律检查委员会（决定）
恢复沙飞同志党籍

沙飞同志，原为华北军区政治部华北画报社主任。一九一二年生、一九三七年二月入伍、一九四二年六月入党。沙在参加革命十三年里，对军事摄影和华北军区画报工作是有贡献的。

该同志因一九四九年十二月十五日，枪杀日籍国际友人津泽胜一案，于一九五〇年一月十日被原华北军区政治部开除党籍。一九五〇年二月二十四日，被原华北军区政治部军法处判处死刑，同年三月四日处决。

此案经再审查明，沙飞枪杀津泽胜，是在患精神病的情况下作案的，其行为不能自控，不应负刑事责任。原判认定沙飞有狭隘的民族主义思想，政治上极端落后，并以"蓄意谋害"判处其死刑是错误的。北京军区军事法院已于一九八六年五月十九日撤销原判决，因此决定，撤销一九五〇年一月十日原"华北军区政治部关于开除沙飞党籍的决定"，恢复其党籍。

中共北京军区纪律检查委员会

一九八六年六月十一日

1986 年 10 月 26 日，中国人民解放军总政治部颁发了一份《革命军人病故证明书》，其中将沙飞逝世的时间误写为 1950 年 2 月 24 日。实际上，这一天是判处沙飞死刑的日期，沙飞被处决的时间为 1950 年 3 月 4 日。尽管如此，这份文件还了沙飞一

(1986)纪字第29号 秘密

中共北京军区纪律检查委员会（决定）

恢复沙飞同志党籍

沙飞同志，原为华北军区政治部华北画报社主任。一九一二年生，一九三七年二月入伍，一九四二年六月入党。沙在参加革命十三年里，对军事摄影和华北军区画报工作是有贡献的。

该同志因一九四九年十二月十五日，枪杀日籍国际友人津泽胜一案，于一九五〇年一月十日被原华北军区政治部开除党籍。一九五〇年二月二十四日，被原华北军区政治部军法处判处死刑同年三月四日处决。

此案经再审查明，沙飞枪杀津泽胜，是在患精神病的情况下作案的，其行为不能自控，不应负刑事责任。原判认定沙飞有狭隘的民族主义思想，政治上极端堕落后，并以"蓄意谋杀"判处死刑是错误的。北京军区军事法院已于一九八六年五月十九日

撤销原判决。因此决定，撤销一九五〇年一月十日原"华北军区政治部关于开除沙飞党籍的决定"，恢复其党籍。

中共北京军区纪律检查委员会

一九八六年六月十一日

—2—

1986年6月11日，中共北京军区纪律检查委员会关于恢复沙飞党籍的决定

革命军人病故证明书

沙飞 同志于一九五零年二月廿四日在 河北省石家庄市病故。 特向各位亲属表示亲切的慰问。望化悲痛为力量，为建设祖国和保卫祖国而努力奋斗。

中国人民解放军总政治部

一九八六年十月廿六日

沙飞的病故证明书

个革命军人的清白之身。

根据民政部、财政部有关文件精神，沙飞祖籍广东开平县民政局于 1987 年 1 月 2 日发布文件，给予沙飞一次性病故抚恤金（按特殊情况处理）2800 元人民币。

不同的受害者

这是迟来的文件，也是令很多人欣慰的文件。尽管当时沙飞已经离去 36 年多，这段时间几乎等同于他的有生之年，然而，对于他饱经磨难的妻子，对于失去父爱的子女，对于不仅失去天伦之乐，而且承受巨大精神痛苦和压力的家庭来说，它们具有非同寻常的意义。

王平在回忆奶奶王辉时说：

> 1986 年给爷爷平反，但是，奶奶并不是想象中那种非常轻松的感觉。她跟沙飞一起生活的时间很短，背着沉重政治包袱的时间却很长，包括政治压力、工作压力。她自己是非常坚强的人，都是咬着牙关，这么几十年走过来的。所以，还是看不到她特别开心的笑容。一说到沙飞，她的心情还是比较沉重的。
>
> 后来，广州、深圳和老家开平分别办过沙飞影展，在平遥也办过一次，2003 年在平遥给沙飞立了一个汉白玉雕像。2004 年，在石家庄给沙飞立铜像。当时，聂力将军、邵华将军以及周巍峙、田华等文化老战士也参加了揭幕仪式。
>
> 我把铜像揭幕现场的照片和报纸给奶奶看。奶奶

93岁了，住在疗养院，她看的时候就笑出来了。这时，我才觉得，她那种笑是彻底解放的笑，几十年压抑在心中的情感终于释放了。她终于感觉到对沙飞功绩的认可，她非常开心。

然而，历史又是复杂而多棱的。有研究沙飞作品的学者注意到，原北京军区纪委关于恢复沙飞党籍的决定虽然肯定了沙飞的工作成绩，但在具体表述上是很有限定的，仅仅是"有贡献"。这与历史学界和摄影学术界对沙飞做出开拓性历史贡献的评价相去甚远，不能不令人遗憾。此外，还有一个值得注意的细节：这是一份标明"秘密"的文件。至少意味着，这个恢复沙飞党籍的平反文件不可以在光天化日之下公之于众。

另一方受害者津泽胜

从另一个角度看，公众在获悉沙飞原判决被推翻之际，会自然联想到这一悲剧事件的另一方受害者——津泽胜遗孀和后代的反应。据王雁介绍，她与津泽胜的女儿田子鹤（日本名为池谷田鹤子）同是北京八一学校的校友。在沙飞被平反之后，她曾经表示愿意与田子鹤会面，但被婉言谢绝。对此，王雁表示理解老同学田子鹤。人同此心，丧父之痛和田子鹤一家后来的磨难确实令他们难以释怀。

同为八一学校校友的殷子烈先生，在接受《寻找沙飞》摄制组采访时说：

津泽胜死后，我父亲殷希彭要去安抚津泽胜的家属。津泽胜的两个孩子当时在八一学校，其中一个就是田子鹤。对孩子只能说，她们的父亲病故了。

当年，津泽胜是在稗田宪太郎先生动员下，到八路军医院工作的。稗田先生是有名的病理学家，在张家口当过医院院长，我父亲在日本留学期间听过他的课。到了1953年，津泽胜的夫人带着孩子回到日本。因为津泽曾经为"敌国"工作过，她们不敢回到自己的故乡，就一直在东京。孤儿寡母的生活非常艰难，没有工作，无依无靠，靠稗田先生赚钱养活她们一家子。后来，津泽胜的夫人嫁给了稗田，田子鹤叫稗田先生"义父"。稗田先生曾经写了一本书，叫《贫困的医学》，专门讲在八路军中的来龙去脉。

1946年，稗田先生曾经抢救过生重病的胡耀邦，为他治好了病。1983年，胡耀邦访问日本，专门见了稗田先生的遗孀及后人，还邀请他们访问北京。

田子鹤在回忆稗田宪太郎先生时写道：

关于稗田宪太郎，中国已有了一定的评价。他在建设新中国期间一直在白求恩医科大学任教，做出了贡献，在中国已有几本书记录。回日本后，1960年，他和我母亲结了婚。我成了他的养女。他对我的影响是极大的。如果没跟他到张家口，我不会有进北京八一的机会。他一直盼望着中日恢复邦交，并希望我在中日交流之中做一些工作。30年来，我在医学领域做了一些交流工作，现在还在继续做着。我认为，这是我的使命，我是个得天独厚的人。

1984年10月1日　中南海にて、後列向かって右：若き日の胡錦涛氏
前列：向かって右より2人目王震氏、母稗田喜代子、胡耀邦氏、姉美代子夫妻、筆者

1984 年 10 月 1 日，胡耀邦（前排左四）与稗田宪太郎的夫人稗田喜代子（前排右三）、田子鹤（前排左一）等人在北京中南海合影

据王雁所著《我的父亲沙飞》记述，抗战胜利后，国共双方都在争取张家口"蒙疆中央医学院"的院长稗田宪太郎和他的日本医疗团队。经过反思考虑，这个日本团队选择参加八路军，加盟位于当时晋察冀边区首府张家口的白求恩国际和平医院，稗田先生还担任了晋察冀军区卫生顾问。

国共内战爆发前夕，殷希彭让稗田宪太郎等日本专家选择，是继续跟着晋察冀军区到山区根据地，还是回到北平，伺机回国；同时，也表达了希望他们留下的真诚愿望。

日本专家开会研究，一致决定去北平，等待机会回国。殷希彭感到非常惋惜，对日本朋友的帮助表达了真诚的感谢，并表示竭尽全力满足他们的要求。

稗田宪太郎被殷希彭表现出来的共产党人的大度所感动，决定留下来。在他的影响下，20多位日本专家也决定一同跟随八路军进山，其中就包括后来被沙飞枪杀的津泽胜医生。

2007年，田子鹤为纪念母校北京八一学校60周年校庆撰写了《回忆我的童年时代》一文。她在回忆父母时写道：

> 1943年，我父母在北平东单西观音寺胡同开了个诊所，他们两人都是内科大夫。病人大部分是中国人，还有日本人、朝鲜人。1945年8月日本投降后，在10月，我父亲决定跟着一位日本的病理学教授——稗田宪太郎到张家口参加八路军。
>
> 当时，张家口也刚刚被八路军解放，成了晋察冀边区的根据地。到了张家口，这些日本医疗工作者也就开始在白求恩医大的前身——张家口医学校工作、任教。晋察冀军区的卫生部长是殷希彭教授，他是曾留过日的

田子鹤（左）与殷子烈夫妇（殷子烈提供）

病理学学者。这两位教授一见如故。殷部长对日本工作人员关照得很周到。

1946 年 10 月，当八路军决定从张家口撤出转移时，20 多名日本人再次决心跟稗田留在八路军里。经过了 3 个月左右的行军后，"白校"到了河北唐县葛公村。

八一学校小校友

2014 年 8 月，殷子烈在北京家中回忆：

津泽胜被杀时，他的孩子田子鹤在荣臻小学，后来不让用领导人的名字命名学校、工厂，就改名叫八一学校。学校在一个老胡同里。出了这个事以后，要求严格保密，孩子所有的待遇都不变，田子鹤一直在学校。

一直到 1953 年，所有在华的日本人，包括在军队中的，都要回国。据我知道，这些人回国的时候什么都不能带。那时候的日本还很穷。津泽胜

1953 年 9 月，在北京八一学校，前起依次为：石志民、王毅强、王雁（石少华摄）

263

王雁（左）与弟弟王毅强在北京八一学校

的夫人非常困难，带着三个孩子，一个田子鹤，一个尤利子，还有一个男孩。现在，弟弟已经去世了，尤利子在新加坡，田子鹤在日本。

我和田子鹤是八一学校的同学，这个学校的前身是荣臻小学，1947年成立的。日本投降以后，内战很快爆发。晋察冀军区从张家口撤退以后，家属都成了累赘。这时候，聂荣臻决定成立一个学校，这个学校诞生在阜平县的一个村子里。

学校开始只有30个学生，后来，学生就多了。那时候，我父亲弄了一匹马，把我送到那里。然后，我父亲就找到聂荣臻说，有一批老师的孩子，更重要的是，还有一批日本人的子女，能不能送到学校来？聂荣臻说，完全可以来。

所以，田子鹤也就比我晚十几天到了荣臻小学。当时是用马车，送了差不多二十几个日本孩子。这批孩子在1953年回国以后，每年4月在东京银座聚集在一起，留恋八一学校、留恋中国。这些日本孩子健在的父母都来参加。我参加了一次，我儿子参加了几次。这些日本同学在中国改革开放以后都来做过贡献。

能和田子鹤重新联系上，是在改革开放之后。我在一个饭店参加日本访华代表团的宴请活动，同桌的一个日本人中国话说得非常流利。我说有一个同学，从小在中国，现在在日本，从1953年离开以后再没联系。我回到家，那个日本人来了电话，就联系上了。我就通知我们班一共13个人，一起吃了饭。从那以后，我们年年联系。

田子鹤在回忆母校时写道：

> 1949年3月底，"白校"派了一辆大马车，把该上学的孩子送进创立不久的荣臻小学（后改名八一学校）。一块儿坐马车去的，有吉田进（日）、马秀花、李光璞、王笑燕、安达勇（日）、安达猛（日）等人。殷子烈大哥是不是一起去的记不太清楚，总之，是他的父亲殷（希彭）部长考虑了教育的重要性而给我们安排的。那时，学校还在阜平县沟槽村。

沙飞与津泽胜的死，留下了两个不幸的家庭，这个悲剧在中国和日本延续了很多年。虽然沙飞和津泽胜都已经不在人世，但是，为他们的正名依然很重要。沙飞作为死刑犯，被剥夺了政治权利，正是因为这个判决，他拍摄的大量抗日照片都不能署名。而且，他的罪名在后来数十年中一直牵连着他的妻子和后代。

同样，津泽胜的夫人带着孩子回到日本之后，饱受歧视，生活困窘。正是那段不堪的日子，让田子鹤不愿意再面对老同学王雁，不愿再触碰那块敏感的伤疤。而且，津泽胜死后，中国方面并没有对这位曾经的解放军军医给予正式评价。对于津泽胜的夫人和田子鹤姐妹来说，这不能不是一个背得太久，也太沉重的精神负担。

回顾为津泽胜出具荣誉证书的往事，殷子烈于 2014 年 8 月在北京家中接受采访时回忆：

> 沙飞平反之后，日本一个城市的市长到中国驻日大使馆说，中国可以为沙飞平反，对津泽胜的死却没有任何表示，非常令人遗憾。从外交辞令上说，"深表遗憾"这个词已经很厉害了。大使馆把这个问题反映到外交部，外交部找到北京军区，北京军区又找到白求恩国际和平医院，这才决定给津泽胜颁发一个荣誉证书。
>
> 最初的证书里写的是，津泽胜参加了我军的反战同盟，实行了革命人道主义，做出了巨大贡献。田子鹤看了就说，这个证书，我不能带走，也不能接受。我们家没参加反战，这批日本医生和护士没有参加过反战同盟。"革命人道主义"这种词汇拿到日本，我们没法生存。我说，明白了。你先回去，把证书留下来，我给你改了。
>
> 第二年，他们班的同学聚会，特别邀请我们两口子参加。我受委托，代表北京军区白求恩国际和平医院，给田子鹤的父亲一个荣誉证书，田子鹤亲手接了。他们都很高兴，还唱了歌，这是 2007 年的事。

笔者两次在北京采访殷子烈先生，倾听他回首往事。作为学长，殷子烈先生等八一学校的老学友们，都曾经为沙飞与津泽胜两个人的遗孤感到不幸和同情，也为王雁与田子鹤的相互理解做过努力，毕竟她们都在年幼的时候失去了父亲，都是受害者。

《寻找沙飞》摄制组在殷子烈家中采访之际，笔者表达了希望到日本采访田子鹤的愿望，也希望这部纪录片能够让津泽胜的后代通过表达真实心情而释怀。殷子烈先生表示理解和支持我们

2015 年 9 月 9 日，王雁与田子鹤（前左）在北京合影（林娜摄）

的想法，当即打电话到日本田子鹤家中，试图为我们联络采访事宜，但是电话一直没有拨通。

2015 年 12 月，王雁在深圳家中接受采访时回忆：

2005 年 8 月在北京，我与聂力大姐见到来华访问的美穗子一行，结识了美穗子家乡日本都城市日中友好协会的来住新平会长，及众多中日友好人士。我赠送了《沙飞摄影全集》。来住新平看到是沙飞拍摄的聂荣臻与美穗子的照片，晚宴上向我敬酒，表示对沙飞的敬重。

2005 年秋到 2006 年，我与来住新平在北京、石家庄见面。来住先生告知："我们努力争取在日本举办沙飞摄影展览。因为津泽胜医生的问题，在日本宣传沙飞，会对津泽胜的家人有伤害。我们找到津泽胜的长女田子鹤，她说，宣传沙飞，我们没任何意见，但希望中国政府对津泽胜医生在白求恩国际和平医院期间的工作有个评价，应先解决津泽胜家属提出的这个问题。"我表示理解并愿尽力。

2007年春，我得知温家宝总理将访日，即提醒日本友人，转告津泽胜的后人，尽快找中国驻日使馆，这是争取中国政府对津泽胜给予评价的契机。我还获悉，温总理此次"融冰之旅"后，中华全国青年联合会将邀请百名日本友好人士，于2007年6月访问中国，其中就有津泽胜之女池谷田鹤子（即田子鹤）。

同年5月8日，我以个人名义致函有关领导人，表达作为沙飞的后人，希望池谷田鹤子于6月来华期间，能给她个惊喜——对津泽胜给予正式评价。我很快接到有关部门的电话，得知问题已解决，心里很欣慰。

2008年4月，沙飞摄影展览在日本开幕，得到了日中友好协会、中国驻日本大使馆、中国摄影家协会、日中文化交流协会、朝日新闻社等机构的支持，很快在日本全国巡回展览。北起北海道，南至冲绳，影展在18个都道府县、29个城市成功举办。此次活动唯一的遗憾是田子鹤没有在开幕式上出现。

值得注意的是，在这次日本巡展上，展出了田子鹤提供的津泽胜的照片和资料。介绍津泽胜的资料中特别指出："在沙飞名誉恢复的问题上，津泽胜的家属，对中国法律对沙飞的处理没有异议的发言，对沙飞恢复名誉起了决定性的作用。"尽管当时媒体和沙飞后人对于田子鹤的回避有些失望，但是，以上这段书面表达，已经体现了她作为津泽胜长女的宽厚良善之心。

在那次巡展期间，王雁和妹妹王少军还到访津泽胜先生的家乡——熊本县宇土市，市政府会议室悬挂着津泽胜先生的荣誉证

2015 年 9 月 9 日，王雁与田子鹤（左）在北京重逢（林娜摄）

书。田口信夫市长说："津泽胜先生为中国人民做了贡献。我们会把津泽胜先生的事迹向市民介绍。"王雁表示："津泽胜先生的荣誉证书令人欣慰，我父亲与津泽胜先生的在天之灵应该都得到了安慰！"

同年 5 月，田口信夫市长出席了在熊本县举行的沙飞摄影展览。王雁在宇土市接受媒体采访时表示："到津泽胜先生的家乡熊本县宇土市，我的心情很沉重，比到日本其他地方感情复杂。沙飞事件对两个家庭都是悲剧，津泽胜先生是无辜的。这是日本军国主义造成的战争悲剧。中日两国人民都热爱和平，不希望再发生战争。"

2015 年 9 月 9 日，在纪念抗战胜利 70 周年的日子里，在北京纪念白求恩医生的大型活动中，王雁与田子鹤不期而遇。两个老同学亲切握手，并在王雁的提议下合影留念，这个细节让我们体味到王雁与田子鹤的内心情感。相逢一笑泯恩仇，一切尽在不言中。

第十三章

生命中难以承受的沉重

隐忍的母亲

王少军是沙飞和王辉 5 个孩子中最小的，因为她在王辉晚年的时候陪伴时间较多，对一向含蓄、隐忍、内向的母亲的内心深处有更多机会探寻。从 2014 年 9 月到 2015 年 1 月，我们多次采访她。她在回忆王辉生命最后的岁月时说：

> 我是父母 5 个孩子当中最小的女儿，爸爸去世的时候，我刚满 1 岁。所以，父亲对我来讲是比较遥远的。我在母亲身边生活的时间最长，比较了解她。
>
> 这些年来，我与哥哥、姐姐们寻访着父辈的足迹。

1951 年 9 月，王辉到北京八一学校看望 3 个孩子——王雁、王少军、王毅强（从右至左）

我越来越理解了父亲，也理解了母亲。母亲对父亲的感情深沉、执着、坚贞不渝，她不会大声呼喊出来她的情感，而是把它深深地藏在心底。

说到我的父母，他们爱得伟大，尽管时间短暂、历经坎坷，但都很有担当。特别是我的母亲，父亲两次离去，她独自一人扛起整个家；而在父亲永远离开我们之后，母亲又独自把我们抚养成人，让我们兄弟姐妹 5 个都健康地活到现在。正是他们深邃的爱支撑着我们这个家庭，更承载着民族的命运。

母亲在单位里也是德高望重的，几十年以后，人们回忆起来，都是发自内心去尊重她，不是因为她的职务，而是她的人品、她的人格对别人的深刻影响。母亲

2005年春节，王辉在广州（王平摄）

调到广州工作时，只带着我在身边，其他4个孩子在北京。有时候，哥哥、姐姐开玩笑说，母亲把他们都扔到外面去了，让他们自生自长。母亲只是淡淡地说，你们真是没有良心。当时，我们不理解母亲的话。其实，母亲是很伤心的，但她不表露出来。

2005年是抗战胜利60周年。春节时，母亲与孩子们还在家里唱抗战歌曲，那么铿锵有力。住进医院之后，有人来看她，她也会唱起抗战的歌。你看她晚年的照片，90多岁还呈现出生命的精彩。她的大度胸怀、她的吃苦耐劳，一直深深地影响着我们。只要是她在身边，家里整天笑声满堂的。

2005年5月，母亲安详地走了。这些年来，父亲平反了，父亲的作品已经公之于众。母亲心里确实一点儿负担都没有，她可以跟任何人谈论沙飞，敞开心扉，没有遗憾地去跟我爸爸团聚了。她知道她的丈夫在社会上得到认可，人们会永远怀念他。母亲的人格魅力也赢得了人们的尊重。

其实，父亲离开这么多年，真的没有直接教诲过我们什么，但是，我们从母亲的身上感受到父亲的力量。母亲也是很伟大的，她给了我们力量，她的人格深深地影响着我们。她不打骂儿女、不训斥儿女，而是用自己的行动赢得孩子们的尊重。所以，讲到沙飞，绝对不能不讲我母亲。

　　幸亏是这么有担当的女人做后盾。正是这个女人，支撑着沙飞的大家庭，让这个大家庭繁衍生息，现在有了第四代。我相信，父、母亲在天之灵最后相聚在一起默默看着这个家庭，一定会很欣慰。他们传奇般的故事，也在我们身上真实地延续着……

2015 年 2 月，王少军在广州接受采访（刘深摄）

左起依次为：王少军之子黎明恩、李小妹丈夫徐国海、王笑利女儿李小妹、王少军、王笑利女儿李小林和丈夫朱杰（2016 年 12 月 16 日，摄于广州沙面，王少军提供）

长孙的回忆

王平在回忆对奶奶王辉的印象时说：

　　奶奶一直对我们很严格，想借个光坐她的车，都被她坚决拒绝。奶奶最后那两年心情非常好，真正让人们感受到她做母亲和奶奶的温情。看到她的笑容，作为后代，我们非常高兴。

如果奶奶没受过那么多政治磨难，就是个普通的老太太，她的儿女情会很重的。我跟她是同一天生日，她过生日，我跟着沾光，又是独孙。但是实际上，奶奶对我要求很严，从来都没有说可以特别一点，也从来不重男轻女。

记得我下乡那天，奶奶给了我两块钱。她说，这是给你的，装在兜里零用吧。她还给我一个本子、一支钢笔，让我好好学习、好好工作。我是1976年10月6号下乡的，就是打倒"四人帮"那天。她就在那个本子上写：继承毛主席遗志，把革命进行到底。

下乡3年后都可以返城了。我找奶奶说，你给我找个工作吧。我在农场也挺辛苦的，不想干了。很多人都走了。她说不行，工人的子弟能在那儿干，你就在那儿干。后来，我是按政策才回城的。她真是一点儿忙都不会帮的，对我们要求很严。她说，你做个老百姓、做个普普通通的人就行了，别想升官发财。这些事，你不要干，老老实实工作就行了。

我当时觉得奶奶挺不近人情的，她就这么一个孙子还这个样子。几十年过去以后，特别是她去世以后，我更加感受到奶奶的教育非常伟大。尽管她没帮我找

王平与爸爸王达理（后右）、妈妈于晶萍（后左）妹妹于兰（前左）合影

工作，没有满足我当时的愿望，后来才觉得，奶奶很了不起，对后代的要求特别严格，又以身作则，不会因为有一定职位就给子女创造好的条件。她觉得，子女多吃点儿苦，对人生是有好处的。所以，我特别怀念奶奶，那些过去的小事，道理都很深刻。

右起依次为：王达理、王辉、王蔚（司徒洛娃）、王平（摄于广州东风东路王辉家，王少军提供）

感恩与回报

在 1985 年的沙飞影展上，王笑利带着耿同金来到王毅强面前，对他说："这是你的干爹，作为老区代表从上庄来参加影展的开幕式。"回忆起当时的情景，王毅强说：

> 我当时又是惊喜又是尴尬，真不知说什么好。耿同金紧紧握着我的手说："英孩儿（我小名叫王小英，是个女孩儿名，不知是谁起的名。一种说法是我爸起的，长大后当小英雄；别一种说法是 1947 年阜平农村闹传染病，男孩儿要取小英这种女孩儿名，才能辟邪保平安。我在八一学校的同班同学里有个叫杨小英的，杨耕

田的儿子，是他给我说的这个阜平传说），都长这么大了，离开家时才 3 岁那么小。这么多年，我们找你们好苦啊！"

我马上带他见了妈妈。妈妈紧紧握着他的手说："谢谢你们照顾他这么多年，难为你们了。"一边说，一边眼睛湿润了。我知道妈妈又想到爸爸的去世，心里难受了，赶快将干爹拉开，找个地方单独坐下，同他聊村里和他家的情况。妹妹少军很是感动，用相机拍下了我们这 35 年后的重逢。

见到那么多画报社的老同志，干爹兴奋极了，一边看影展，一边和大家聊天。杨成武参观了影展，并且接见了这位唯一的老区代表。

影展开幕式结束后，我送干爹去 2207 厂招待所住，同张一川、杨瑞生等老同志聊了很久。第二天，我又带他到幸福大街曲治全家拜访了一下。他们聊起了 1943 年晋察冀画报社在上庄反"扫荡"的情况，第一次救赵烈和柏崖战斗的情况。我对干爹产生了由衷的敬意。

后来，我问了解放后家乡这么多年的情况，知道家里很穷。我赶紧给他买了电视机、军大衣等一批东西。他女婿赶到北京，帮他将东西带回家乡。他家有了电视机，全村人都到他家来看，听他讲北京之行的故事，十分热闹。

见到了干爹耿同金之后，王毅强心中一直涌动着回报上庄亲人养育之恩的情感。1990 年北京亚运会期间，他率领广东省击剑队去观看比赛，借机请了几天假，让大姐王笑利带他去阜平上庄，看望干爹、干妈，看望养育过他的那个村庄，看望花

1990 年，王毅强到河北阜平上庄探望沙飞当年在上庄时的老游击队员耿同金（右一）、李玉忠（右二）、刘永碌（左一），并与他们合影（王笑利摄）

塔山。他思念那里的乡亲们，也思念那片父辈们流血牺牲、战斗过的土地。

王毅强在 2015 年 1 月接受采访时回忆：

> 我和大姐用当时时兴的带轱辘的行李袋，装着广东糖果和衣物，坐长途汽车辗转来到阜平城，没想到惊动了县委。县委书记听说沙飞的孩子回家乡看看，亲自安排了住宿，陪我们吃饭，还安排了吉普车，要直接送我们去上庄。我真是震惊了：老区对八路军、对沙飞的感情太深了。
>
> 第二天，我们谢过了书记、领导们，坐车直奔上庄。破烂、崎岖的山路，颠得我五脏六腑都快出来了。

1946年冬，晋察冀画报社的战友们于河北阜平花沟掌村合影。后排右起依次为：沙飞、杨国治、孟昭师、宋贝珩、朱汉；前排右起依次为：吴群、方宏、李遇寅。

穷乡僻壤好不凄凉，比起开放了的广东真是天壤之别。当年，父辈们抛开大城市的优越生活，就在这极度贫困落后的穷山沟，坚持了8年的敌后抗战啊！这是怎样的精神和意志力啊！

到了上庄，来到我当年住过的村庄和房间，整个村庄全都是土坯房。除了在原有房上抹上新泥，翻新旧房，一切同几十年前画报社在村里时一模一样，只是有了电灯和自来水。家家户户的正墙上，端正地贴着毛主席的画像。人们用最原始的工具，干着最原始的农活。听说我们来了，乡亲们穿着破旧的衣裳，热情地迎接沙主任的英孩儿归来。

来到了我当年住过的家，干爹、干妈迎出来，两位老人确实苍老了。两个女儿（我的干妹妹们已经结婚出去住）回来帮助爹妈做饭、干点家务事，家里收拾得挺干净整齐。

几个当年打过游击的老人进到屋里坐，闲聊着当年的往事，其他乡亲们、孩子们在门外看热闹。这时，我看到一个傻子，直不起腰，斜着身在门外角落里，从一个像是狗食盆里抓剩饭菜吃。我问是谁家的。干爹告诉我，这是他唯一的儿子，得病后无钱医治，变成傻子，管不了他，只能由他了。

说着，干妈流下了眼泪。我完全被眼前的一切惊呆了，不知跟大家聊什么。干妈是老实人，不会讲什么话，但看得出，真是疼我。晚饭后，早早地就有老乡在干爸家席地而坐，等着看电视，还是我当年买去的黑白电视，看来已成习惯了。

第二天，大姐带我去村里串串门，拜访了几个当年的老游击队员，听他们讲当年的故事。他们兴高采烈，热闹地拍照片。后来，我和大姐又去拜访了山上一个曾喂过我的奶妈，留了些钱表示感谢。我们还去了花塔山——前辈们打游击的地方，秃秃的山几乎没有树。

晚饭后，我正想第二天要走了，该给他们留多少钱合适呢？突然，干爹的大女婿（部队复员的，因家穷没文化，倒插门儿到耿家的）说话了："家里这几十年穷得叮当响，爸后悔当年没跟你妈走。我和爸商量了一

王毅强（后右）与干爹耿同金（前左）、干妈高现荣（前右）、女儿
司徒剑萍（后中）、耿萍（红菊）（后左）合影

下，你现在给我们多少钱也救不了这个家，太穷了。能
不能帮我们带走一个孩子，把她培养大，学点儿本事，
回来帮我们致富。"

　　他把大女儿红菊拉到我的面前。我一看，才是个
12岁出头的黄毛丫头，这怎么得了？我家还有个3岁
的女儿，我整天带队伍外出训练、比赛，老不在家，又
来一个，不是添乱吗？

　　干爹、干妈说："英孩儿，太麻烦就算了，以后再
说吧。"红菊爸急了，说："哥40年才回来一次。你们
都老了，总不能老了穷死、饿死吧！"说着，就摁着红
菊给我下跪。我立刻说："别跪，容我想一下。这事来
得太突然。"

　　是啊，干爹、干妈养育了我，我早就该回来报恩。

现在，他们这辈子就求我这么一件事，我如不答应，有点儿不近人情。可我也实在困难，家里经常是我老婆一人撑着，她还要上班。更何况，红菊又是个女孩子。我得跟老婆商量啊，可现在怎么商量呢？当时又没电话，必须立刻做个决断！和大姐商量了一下，我当场表态："立刻带红菊走。"干爹、干妈全家高兴得一再感谢。

第三天，县委派来车接我们到阜平，我们坐上长途车直奔北京。到北京后，我们马上带红菊到商店，从里到外、从头到脚全部换上新装，坐上南去的列车，两天后到达广州。一路上，照顾这个从没出过山的乡村女孩，之中的狼狈是不言而喻的。

到了广州，先安排红菊休息。我和爱人易向东开始研究，如何安排她的生活、学习，如何保护她的安全。我的爱人是教师，连续几年被评为广州市优秀教师、班主任，调到广东省体育运动技术学院附中后，也被评为优秀教师。她马上回校，向学校领导汇报了红菊的情况，得到领导的支持，为这孩子办理了入学手续，第三天就带着她去上课了。

红菊会骑车，就给了她一辆自行车方便上学。学校离家不算太远，在二沙体育基地里，面向省级运动员。上课不多，以训练、比赛为主，但文化课的教材和普通学校一样，只是抓重点内容精炼学习。红菊刚去，跟不上，再加上有的老师同学说广东话，听不懂。经过努力，红菊终于跟上了学习进度，站稳了脚跟，也和同学们融合到一起。

向东又给红菊提出了更高的目标，要求她成为班里学习最好的学生，因为她没有像运动员那样的训练、比赛任务嘛。我也抽时间带红菊参观各项目运动员的训练和比赛，叫她学习运动员的拼搏精神。向东同时还教她学做家务、带她买菜、做饭，一起打扫房间，从幼儿园接送妹妹剑萍，管她很严。

我的妈妈和兄弟姐妹们见红菊来到广州也很高兴，都给予她不少的关心与帮助。1991年，我调到公司当经理，在红菊不上课时，就叫她跟着公司学习生产和管理。

总之，希望红菊在广州期间培养良好品德、锻炼意志、学会各种知识和能力、增长才干，为将来参加工作打下良好基础。1993年，她以优秀学生的成绩初中毕业，还受到表彰。

我们考虑到，女孩儿开始发育了、长大了，又3年没回家了，决定叫红菊回趟家，二是回家看看，一是好好同家里商量一下今后的安排。红菊初三一毕业，我们就送她回到北京。向东对来接她的红菊的父亲说："几年来，我们对她很严，但我们相信，她一定会比周围同年龄的孩子能干！"

红菊回家后，先是在学校学习了一阵，又试着到北京的一家工厂打工，又去了北京一家党校学习会计专业。我到北京出差的时候，又带她到亲戚家，请大家多关心她、照顾她。

红菊开始对自己出来闯产生了信心。颐和园附近一家很小的饺子馆，招聘她去当服务员。她比其他服务员年龄小，但有广州3年的经历，学过会计，又肯吃苦，很快受到老板娘李卫华的赏识，提拔她做了领班。

我到北京出差，专门找到了那个饺子馆看红菊，并

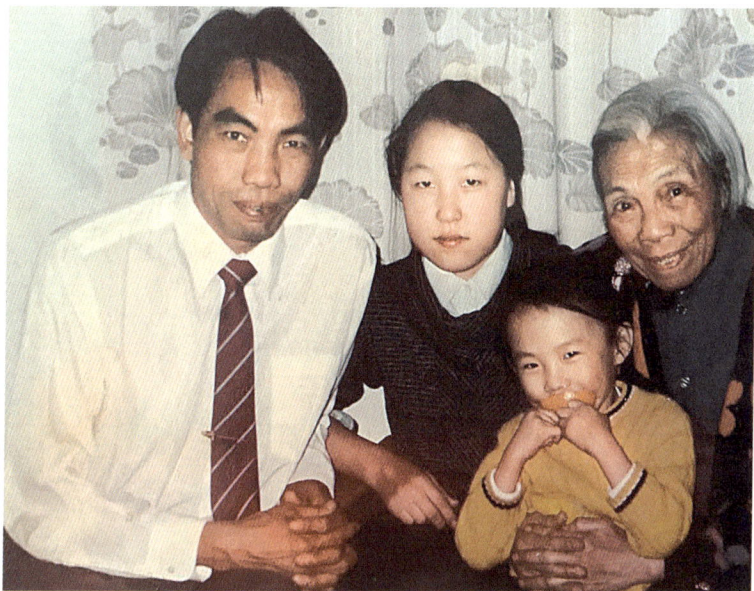

1991 年,王辉（右一）80 大寿时,与儿子王毅强（左一）、孙女司徒剑萍（右二）及耿萍（红菊）（左二）合影（易向东摄）

与李卫华一起吃饭和长谈,送给她一本沙飞、石少华影展的画册。李卫华是个很有爱心的人,对我们两家的故事很感动,决心像对待自己的女儿一样继续培养和帮助红菊（红菊后来改名耿萍）。

经过几年的努力,饺子店翻身了,承包了创业大厦等单位上千人的餐饮。红菊也成了李卫华的得力助手。她在李卫华的关心、指导下,在北京西三旗买了房,在家乡盖了新房,还招了许多上庄人来打工,包括红菊的弟弟、妹妹、亲戚、朋友。后来,他们当中有的做了房地产,有的搞水果、蔬菜批发等。

2009 年,我带着考上北京大学研究生的女儿剑萍去看红菊和李卫华。两个孩子欢聚在北京,高兴极了。我向李卫华表示衷心的感谢,并送给她一本《沙飞摄影全集》。

1945 年冬，重新团聚的沙飞与王辉
在河北张家口

当我们又回去时，阜平城大变样了，高楼林立，四通八达的道路平坦而舒适。上庄到处都盖着新房，人们的生活明显富裕了。看到这巨大的变化，我真为阜平高兴、为上庄高兴。

可惜的是，干爹、干妈没过上几天好日子，于2003年、2006年相继去世。我从广州赶去给干妈送葬，并将干爹、干妈合葬在了一起，愿他们在天堂安息吧！

干爹临去世前，特意交代了，他家门前的核桃树中有一棵是给我的。每年吃到这棵树结的核桃时，我都会想起阜平、上庄、干爹、干妈……

孙女眼中的爷爷

在北京出版社工作的司徒剑萍女士，是沙飞幼子王毅强之女，接受《寻找沙飞》剧组采访时正怀有身孕。2015年1月，在北京西客站附近的一间办公室里，她非常平静地面对着摄像机镜头：

我对爷爷的认识都是从长辈的讲述中听到的。从某种意义上来看，他活得特别幸福。这是因为：他一辈子都在追寻自己的理想和信仰。

他发现，摄影不但能够承载他的艺术理想，在那个年代也能完成他作为一个中国人的历史责任。他就选择了摄影，并义无反顾地投入到民族抗战中。在那个年代，他并不像有的人那样沉迷于风花雪月、小情小爱中，而是把摄影当作一个强有力的武器，去唤醒更多人去抗日。他虽然年仅38岁就离开人世，但一直走在自己的理想道路上。

我们都经历过青春，或者说正经历青春。我们也都知道，随着年岁的增长，身上的责任越来越多，这时候，对理想或者说信仰会有一定的动摇。沙飞是没有动摇过的。或许，他动摇过，但最后，他还是保持着对摄影极致的追求、很纯粹的艺术追求。同时，他也保持着对民族大义绝不放弃的追求，尽管这种追求也将他逼入了绝境。

如果没有战争，没有日本人入侵，他可能还是学画画或者学摄影，之后从事艺术创作，成为一个比较单纯的艺术家。可是正是在那个时代背景下，沙飞从自身的民族责任感出发，以摄影作为武器，投身抗日救亡运动的浪潮。

作为"80后"的年轻知识分子，司徒剑萍对祖父沙飞的认识和研究非常有见地。她认为，沙飞的童年，家庭并不算太贫困，可以算是当时中国城市社会中一个典型的中产阶级家庭。在20世纪30年代，他能把镜头的焦点聚集在贫苦百姓身上，很多作品取材于劳苦大众，比如流浪儿童、乞讨者、盲人等等，从这些作品中可以看出一种悲天悯人的社会关怀与人文精神。这些情感倾向或者说价值观，都是他日后进行民族抗日救亡运动中摄影创作的坚实基础。司徒剑萍认为：

沙飞不仅仅是一个旁观者、记录者，他更是一个战士。我常常会想他所做的选择，为理想甚至付出生命这样的选择。他的艺术追求和民族大义始终刻在我心里。其实，他是那个时代民族艺术家们的一个缩影，也

沙飞孙女司徒剑萍评述沙飞早期作品

是《晋察冀画报》全体人员的一个缩影。信仰、理想与情义，是伴随他们一生的追求。尽管我不可能达到沙飞那样的高度，但会以此作为目标，不断地往那个高度努力，也算是对他更好的纪念。在当下，我们依然需要这种对信仰、理想、情义的追寻。

尾 声

留在历史记忆中的沙飞

让女儿姓司徒

2015 年 9 月，王平随纪录片《寻找沙飞》摄制组回到祖籍地广东开平，参加影片的首映式。回到故乡，他感慨万端地说："司徒族人对沙飞的作品都有一种自豪感。司徒家族里有侨领，有画家、摄影家、雕刻家……名人辈出，给家族带来了荣耀。这与家族之风和文化精神的传承不无关系。"

每当和族人一起祭拜先人，王平作为沙飞的后代有一种自豪感，但他坦言，他不会到处说自己是沙飞的孙子，不会对人炫耀。他认为，那是爷爷沙飞的功劳，自己只能做好自己的事。他说："在抗日战争的艰苦条件下，沙飞那么执着、那么勇敢，像一颗流星闪亮地划过太空，他并没有个人私利可言。尽管生命很短，但是，爷爷留下的作品非常有历史价值，让别人了解抗日战争，中华民族非常不容易，中国共产党领导的军队也非常不容易。他的作品对后人的影响，就是告诉全世界：要和平，不要战争。"

王平又说，他的女儿出生时，他很想让她姓司徒，因为他自己是跟奶奶姓王。他还特高兴地跑到派出所为女儿上户口。警察说，按照规定，三代之内必须有人姓司徒，第四代不行。尽管最后未

2013 年，王平（后右）与女儿王蔚（司徒洛娃，后左）、父亲王达理（前左）、母亲于晶萍（前右）在广州

能如愿，但王平依然认为姓氏问题对家族来说很有纪念意义，让女儿姓司徒，是对沙飞的一种怀念。虽然他们与沙飞没有见过面，但是，血缘的力量是很伟大的，凝聚着他们一家人。于是，王平把司徒作为女儿曾用名的姓氏。

故乡的荣耀

2014 年 9 月，我们来到广东开平赤坎，采访了司徒家族的老人司徒亮先生，他时任司徒氏图书馆馆长。在拥有近百年历史的司徒氏图书馆里，司徒亮老人与笔者倾心交谈。他在介绍家族历史时说："司徒家族在元朝迁移到开平赤坎，这里是平原地带，河网比较发达，慢慢繁衍成一个大家族。这里水路发达，早期很

多华侨都是通过水路，从潭江远渡到美国和其他国家。所以，这里的中外交流开化比较早，自主接受外来文化的影响，形成了文化多元的侨乡，出现了很多艺术家，其中就包括沙飞。沙飞是故乡的一份荣耀。"

开平市文化广播新闻出版局局长谭伟强先生说："开平是人杰地灵的地方，沙飞就是其中的优秀人物。沙飞是新闻摄影的先驱，拍摄了一大批反映中华民族抗日战争的照片，都很珍贵。沙飞的精神也影响了家乡人。近年来，家乡出现很多摄影艺术家，一些国内外摄影大赛，都有开平作者获奖。另外，我们举办向沙飞致敬纪实摄影大赛，也计划把这个大赛通过更多的形式做强做大。"

沙飞早期作品《暮归》

沙飞的摄影成就

早在 20 世纪 30 年代，初出茅庐的沙飞就在广州和桂林相继举办个人影展。

当时，就有文化人士和业内专家在报刊上发表文章，赞誉沙飞的摄影技巧，例如：

> "专补烂竹篮"一帧，乃一老翁方垂首作补篮时所摄，盖为民间生活之作也。他如"娘胎初脱"、"美的陶醉"两帧，前者为天真、浪漫之婴儿，后者为一女郎撷花时所摄，感光均准，可谓无懈可击。其余作品颇多杰构，林林种种，不能缕为阅者告矣。

沙飞镜头中的劳动者

【倚梅生：《沙飞摄展会巡礼》,《越华报》,
1936年12月10日】

陈望道在评论沙飞桂林影展的作品时写道：

> 沙飞先生的摄影极富画意。他的摄照很会选择镜头
> 的视角，或从上（如"劳动阵线"），或从下（如"锯"），
> 或从对面（如"美的陶醉"），或从旁面（如"牛马生活"），
> 都很能使影面跟所要传达的内容切合，影面上仿佛故意
> 布成似的自成一个很难增减的格局。

> 他又最善运用各种流动变化的事物，如云彩、风
> 浪、阳光等等，每每能够将这些事物某一多彩的景象，
> 跟人物某一最富承前启后内容的动作，同时摄入影里，

使我们在他的影片中不但见到形的影，还见到影的影，形影相得，非常可爱，又觉得影中人在动，景也在动，人景都动，非常活泼，非常流走。

他的摄影差不多随便哪一张我都觉得可爱，我都像看名画似的看得不愿休歇。对于云护锯

八路军主力部队活跃在雁北察南山中（沙飞摄于1938年）

者、浪泛桨光的那二张更其如此。假如绘画是艺术，这

在冀西山区练兵整训的八路军劲旅（沙飞摄于1942年冬）

种逼肖绘画的摄影就不能不称为艺术。

【陈望道:《沙飞先生的摄影极富画意》】

除了对沙飞摄影艺术形式上的分析之外,陈望道更对他的作品内容表达了敬意:"若论内容,我更觉得可敬。他的摄影差不多随便哪一张都是严肃内容的表现,这在现在用美女照片做封面,用美女照片装底面的摄影时风中简直是一种革命。我们若只赏识他的技术的神妙,还不免把他的摄影看得太简单了。"

黄正在评述沙飞作品的历史价值的时候说:

我最早看见沙飞的照片,还是在儿时,对抗日战争

八路军练兵（沙飞摄）

八路军进行军事演习（沙飞摄）

时期八路军的战斗历史很有兴趣。当时就觉得很奇怪，八路军那时候很土啊，怎么能照出这么好、这么清晰、这么专业的照片来？长大以后看见的照片越来越多，而且也逐步接触了沙飞的生平历史，我对沙飞肃然起敬。

当时，晋察冀抗日根据地的斗争环境是非常残酷的。日本人前前后后、来来回回对晋察冀根据地进行了多次"扫荡"，而且，在他们封锁根据地也用了很多的办法，根据地的军民们付出了惨痛的代价。

沙飞作为一个摄影记者，深入到第一线，甚至有的时候就是在战场的前沿，拍下了很多震撼人心的照片，记录了八路军与日本侵略者英勇战斗的历史瞬间。除了战斗场面以外，沙飞的镜头还记录了很多当时晋察冀根据地的群众、民兵、武工队，他们的战斗、生活，还有根据地建设的很多真实场景。

沙飞不仅是一个摄影记者，还是一个团队的领导人。晋察冀画报社还有很多设备，包括冲印啊、晒像啊，甚至印刷设备。当日本人重兵"围剿"的时候，不但要保证人员的安全，还要保证设备以及这些历史资料的安全。所以，我深深理解沙飞和他的这个团队，在当时的历史条件下真是十分不易的。

我们家收藏的很多抗日战争的历史照片中，有很多是沙飞的作品。应该说，照得最好、最专业、最生动、最鲜活、最严肃、最真实的这部分，基本上来自沙飞。

日本沙飞研究会会长来住新平先生，长期致力于中日友好和

沙飞经典作品《八路军哨兵》

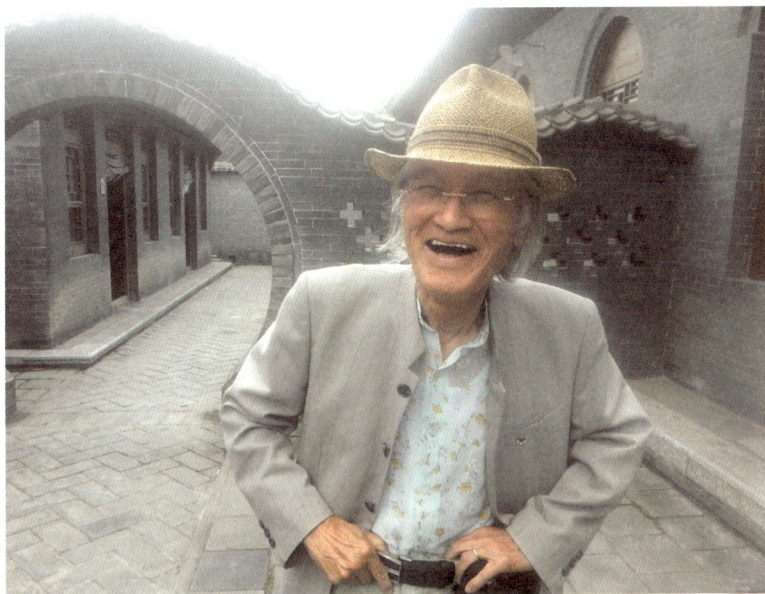

2014 年 7 月，来住新平在山西武乡（刘深摄）

沙飞研究，也数次来到中国，尤其是晋察冀地区。他在太原接受
《寻找沙飞》摄制剧组采访时说：

> 战地摄影随着时间的推移也有很大变化。以前，大
> 部分摄影记者注重拍摄残忍场面，让大家看了之后讨厌
> 战争，进而开始反战。但沙飞不同，他可以说是从人道
> 视角拍摄残忍战争的唯一的战地记者。
>
> 著名战地记者罗伯特·卡帕的大部分作品也是通过
> 残忍画面，来反映他的反战心态。沙飞拍的照片不同，
> 他比卡帕的境界更高。我认为，在反法西斯战争当中，
> 沙飞拍的照片起到了非常重要的作用，为反法西斯同盟
> 国的胜利做出了贡献。所以，我对沙飞非常感兴趣，以
> 后也要继续研究。

白求恩遗赠沙飞的照相机

王达理很长时间使用白求恩送给沙飞的照相机，后来捐赠给中国摄影家协会（王达理提供）

笔者曾经向沙飞长子王达理询问，作为一个专业摄影人，沙飞当年使用过哪种照相机？令我欣慰的是，王达理曾经认真考证过这个问题，并给了我一个心悦诚服的答案：

1946年，我父亲搞到一部德国"莱卡"相机。有人说是美国联络处的人用这个相机与我父亲交换鲁迅的照片，但是，我调查的结果不同。那个"莱卡"相机1.5光圈，配变焦的长镜头，是最新款的。张家口解放以后，有个贩卖相机的人，从原日本蒙疆司令手里买来这个相机。他知道我父亲是画报社主任，在张家口有名气，就说把这个相机送给我父亲。我父亲说："不行，你要多少钱，我给你。"最后是比较便宜地买下来，用的是他的保健费。

1943年，我父亲负伤后，他被定为甲级残疾，有残疾抚恤金，加上平时节省一点儿，从我母亲那里要一点儿，就把这个相机买下来了，成为他的个人财产。但是，我父亲出事以后，这个相机找不到了，我一直非常遗憾。

战友眼中的沙飞

曾任晋察冀画报社第二任副社长的石少华，后来曾经长期担任新华社领导职务。他在 1995 年接受王雁采访时说："抗日战争时期，沙飞是一个高举大旗的摄影人。他和他的战友们通过努力，把中国人民英勇抗战、军民团结，真实地记录下来。"

20 世纪 80 年代的石少华(方学辉摄)

2009 年，曾任晋察冀画报社第一任党支部书记的裴植在接受采访时说："沙飞把照片底片看成根本、看成财富、看成珍宝、看成生命，有了它保存下来，历史就保存下来了。"

曾任八路军第 115 师骑兵营副营长的李钟奇将军在 1998 年回忆："有时，子弹把衣服打上窟窿。沙飞的衣服打了个窟窿啊，在摄影记者当中还不是太多的。"

1998 年，曾任晋察冀军区第一分区宣传干事的作家魏巍，回忆当年沙飞举办图

1998 年，王笑利（右一）和王雁（右三）姐妹采访李钟奇夫妇

片展："百团大战的时候，在前方拍的照片洗出来，还带着湿漉漉的痕迹，贴在一块四四方方的纸上，在那里展览。"

曾任晋察冀军区抗敌剧社创作组组长的胡可在 1998 年回忆："每次想起抗日战争、想起敌后根据地，总要想到沙飞同志。"

1998 年，当年晋察冀军区抗敌剧社的演员胡朋女士回忆："沙飞很朴素，很能吃苦。"

战友和日本友人回忆并评述沙飞

2015 年 3 月，汪林立在北京家中接受采访（刘深摄）

当年抗敌剧社的小演员田华在 2004 年回忆："沙飞说的是老广（广东人）普通话，他的话特别多。我们当时在小鬼队，他对我们就是对晚辈那种感情。"

1998 年，曾任晋察冀军区抗敌剧社副社长的汪洋回忆："沙飞要把拍摄的作品都发表出来，搞了一个画报社，这是很不容易的。各种条件都没有，纸张也没有，油印、印刷机器也没有，出画报的条件都不具备，但是，他从搞黑白照片，到最后搞彩色的。"

2015 年 3 月，汪洋之女汪林立大姐在北京家中接受了笔者的采访。她是一位著名的电视人，她的父亲汪洋曾长期担任北京电影制片厂厂长。她在谈到汪洋与沙飞的亲密关系时说：

> 当时在晋察冀，有两个人永远背着照相机，一个是沙飞，另一个就是汪洋。我爸是"虚荣心"强。他有个照相机，可能是在延安拍卡尔逊的时候，毛主席送给他一个照相机，他就一直背在身上，但是经常没有胶卷。
>
> 我爸也是赶潮流。沙飞是晋察冀画报社的，所以，他有胶卷，有时给我爸一卷。晋察冀军区抗敌剧社 90% 的剧照都是沙飞拍的。我爸说，如果没有沙飞，晋察冀的资料就不可能保存下来。不管哪个剧社，有好戏都拍下来了，沙飞真是起了很大的作用，所以，我们两家是世交。

个人的抗战

　　历史学家高华对沙飞作品的研究在学术界十分引人注目。他在 2008 年沙飞影像研究中心举行的主题为"战争、苦难、知识分子与视觉记忆"的首届学术研讨会上，作了一个发言，题目是《沙飞：在祖国的天空中自由飞舞的一颗沙粒》。他指出：

　　　　沙飞一生有两个高峰，成就了他非常杰出的、极具
　　鲜明个性的左翼艺术家的事业。我认为，思想上和文化
　　上的左翼和组织化的革命并不完全是一回事。左翼可以

　　八路军将领合影，左起依次为：聂荣臻、周恩来、叶剑英、蔡树藩、贺龙、萧克（1946年 3 月 1 日，沙飞摄于河北张家口）

强调象征意义的沙飞经典摄影作品之一

革命，也可以是"一个人的左翼"或者"书院里的左翼"。20世纪30年代的李达等人，他们都是左翼，可是，他们大多不跟中共发生组织联系，他们是"一个人的左翼"或者叫"个体左翼"。

左翼不一定革命，但是，革命一定是左翼的。左翼是多种选择中的一种，革命则是一种组织化的行为。沙飞的第一阶段是1936—1937年，我称之为沙飞的"个人化左翼"阶段。这个时期沙飞的作品，刚才几位先生都提到，一个非常重要的内容就是鲁迅，再一个是他的人道主义的情怀、对底层的关注。

沙飞的第二阶段就是在晋察冀的13年。这时，沙飞作为个体的左翼艺术家汇入到组织化的抗日革命洪流，成为一个革命宣传战士。沙飞是作为一个战地摄影记者去华北抗日根据地的。晋察冀是八路军和侵华日军最接近的地区，八路军的抗日和沙飞的抗日叠合在一起。在这里沙飞达到了他一生里创作的最高峰。在晋察冀的13年间，他置身在高度组织化的革命战争体制之下，抗日、革命、自由都在他的身上体现，使这个时期沙飞的作品形成了一种张力。

沙飞为什么不去武汉而去了共产党的根据地？我认为，这和他有一种左翼的追求，即向往共产党所强调的

山西恒山之巅的八路军哨兵（沙飞摄于 1940 年）

社会平等、社会革命的理想有关。他太个性化，保留了比较多的艺术家的知性、感性的方面。他的个性化的左翼色彩，在他到晋察冀以后还没有完全消失。

沙飞的摄影理念是"武器论"，在这种思路下，他确实拍了一些非常重要的照片。这些照片是充满战斗性和鼓动性的，当然有一些是摆拍。我不知道有没有一种叫"观念摄影"的说法？对这个"观念摄影"，我认为要放在一个大背景下来看。当时，我们的老百姓不认识世界，照片的作用就太重要了。至于以后"观念摄影"怎么发展，责任不在沙飞。

我们中国的传统文化讲究"文以载道"，写小说要有思想在里边，要启蒙民众。沙飞这个摄影也是"文以载道"，他要表达一种观念、表达一种思想。至于以后怎么变成"高、大、全"，那是以后的事，中间还有很多很多的环节……我看到沙飞拍摄的《战斗在古长城》那几幅照片，有很深的感动。它们在民族战争的大背景下，显现出中华民族的崇高和壮丽。

1949 年，在革命胜利的前夜，沙飞的紧张、焦虑和疾病，还有那种无名的恐惧感，可能使他精神崩溃，也可能使他做出非常极端的行为。

革命是破坏一切秩序，革命战争年代是一个极端的年代。沙飞成长在这个年代，他的激情和癫狂、他的敏感和偏执都和它有关。沙飞的结局是不幸的，他永远定格在 38 岁。

沙飞在革命即将胜利的时候倒下，使他没有成为领导干部。这看起来遗憾，其实也没什么，这使得沙飞永远是一个本色的人。他留下了大量的东西，他的这种东西是不能复制和取代的。沙飞那些非常著名的照片——《鲁迅先生最后的时刻》、《白求恩大夫做手术》等等，其意义已经超出了摄影，成为 20 世纪中国历史最生动的影像记忆。从这个意义上讲，沙飞具有永恒性。

后　记

司苏实

在中国摄影史上，沙飞是一个里程碑。

1839 年，摄影术诞生。1840 年第一次鸦片战争时，摄影术便已经在中国出现。只不过那时，中国已经进入到史上最羸弱的时期，西方列强借此窥视中国。国中少数权贵及精明商人，多将摄影术当成玩物或谋利工具。

其实，摄影术的诞生是人类文化史乃至文明史上的一件超级要事。摄影术不仅真正完美地实现了影像的记载与传播，更在于第一次彻底颠覆了人类通过造型艺术认识世界、描绘世界的固有模式。

在摄影术诞生之前的西方艺术领域，包括绘画与雕塑在内，大都以尽可能逼真地描绘自然与社会为最高目标。摄影术的这种客观、真实，任何技术或艺术形式都无可替代，还要其他艺术形

在华日本反战同盟支部成员表演剑术（沙飞摄于 1940 年）

式干什么？这意味着，此前人们对艺术的理解存在一个巨大的误区：逼真并非造型艺术的唯一目标。

不久，西方艺术领域出现了莫奈（Claude Monet，1840—1926）的印象派、马蒂斯（Henri Matisse，1869—1954）的野兽派、毕加索（Pablo Picasso，1881—1973）的立体主义、达利（Salvador Dalí，1904—1989）的超现实主义等等，真正走上了各自独特的发展之路。

深受数千年传统哲学思想影响的中国美学体系，几乎从来没有受到这种"逼真"理念的约束。无论什么样的艺术，甚至能够体现某种艺术趣味的技术形式（例如工艺），几乎总是以进入到"诗言志""文以载道"式的近乎哲学层面的感悟层次为至尊境界。

摄影术的这种完美复制总是将人们的思路拉回到现实中来，艺术的感悟如何产生？至 20 世纪 30 年代沙飞出现之前，在将近百年的历史长河中，除了正常的记载与传播之外，中国的摄影艺术家们一直在尝试用传统绘画营造神韵、意境的方式来寻找答

大练兵——冲锋（沙飞摄于 1943 年）

案，例如风花雪月。

笔者认为，这是中国摄影美学探索的第一个阶段。精神层面的感悟体现出来了，但摄影术面对人类社会最独特的客观记录特性几乎必然受到损害，用笔者的话说，就是"必须把摄影弄得不再像摄影，艺术的魅力才能够出现"。

其实，艺术的感悟是完全可以建立在摄影术这种完美再现的基础之上的。这种建立在摄影术完美再现平台之上的记载与传播，与升华自客观记录之中的艺术感悟相得益彰，可以使艺术的表现进入到一个崭新的层次。

任何艺术形式都不应超脱于社会现实。尤其是 20 世纪 30 年代初，日本已经侵占东三省并觊觎全中国，继续玩弄风花雪月，显然极不妥当。沙飞在 30 年代中期，便已经明确地把镜头瞄准了社会民生。他明确提出"摄影武器论"思想，呼吁摄影家要以相机为武器，揭露日人野心，唤醒民众、团结御敌。

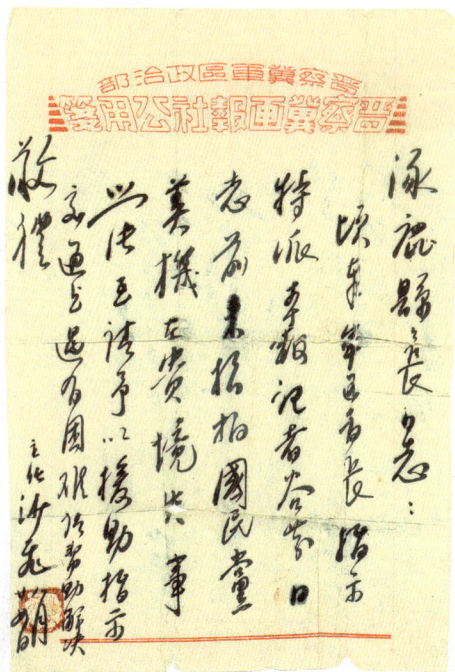

沙飞手迹

七七事变后，全国抗战爆发。沙飞第一时间赶往抗日最前线——山西太原，一方面投身报国；另一方面，笔者认为，沙飞要到当时社会的最大要务——抗日战争中去，亲自证明摄影术在社会现实中能够发挥出巨大潜力。

自1937年9月至11月两个多月的时间内，沙飞一方面报道前线战事，另一方面，充满激情地创作了《战斗在古长城》系列作品。这组作品仅仅因为有意识地借用了长城抵御外族侵略的象征意义，照片的表意能力及鼓动效果便十分突出地体现了出来。

自那时至今长达70多年的时间里，无论战时还是和平时期，无论中外以及政治立场如何，只要提起中国的抗战，几乎必然选用这组作品，足以证明其探索的成功。

事实上，此时的沙飞还只是一个胸怀摄影报国大志的热血青年。"摄影武器论"思想遇上北方雄伟壮观的长城，激励他创作出《战斗在古长城》这组作品。但因沙飞尚未真正深入到火热的现实斗争中，这些作品尚流露出明显的理想主义、浪漫主义色彩。

1937年12月，沙飞正式参加了八路军，真正与战友们一起经历抗战生活的喜怒哀乐，探索的最佳效果才真正体现出来。《青年参军》系列、《优待日军俘虏》系列、《军民生产生活》系列、《百团大战》系列、《聂荣臻与日本小姑娘》系列等等，成就远远

八路军战士观看图片展（沙飞摄）

胜过了《战斗在古长城》。不妨认为，战乱的社会现实为沙飞提供了难得的实践环境，正确的思路使沙飞将中国传统美学理念成功地嫁接到西方人创造的摄影术平台之上，最终成就了沙飞的历史性突破。

与同时代其他地域的摄影比较，沙飞的作品体现出鲜明的个性特征。沙飞培养了大批摄影专业人才，在全国画报万马齐喑的时候创办了《晋察冀画报》，他的弟子和战友们的风格深受其影响。聂荣臻及晋察冀军区的全力支持、部队严谨有效的管理，使沙飞和他的战友们的抱负得到充分施展，他们的影像对战争的胜利发挥出难以估价的巨大威力。

更为难得的是，沙飞在艰苦卓绝的战争环境中极有远见地培

军事调处执行部三人小组，左起依次为：国民党代表张治中、美国代表马歇尔、共产党代表周恩来（1946年3月1日，沙飞摄于河北张家口）

养专职档案管理人员。今天人们能够见到的大部分抗战影像都出自他们的珍存，为人们回顾那段历史、为我们的认识与研究提供了难得的依据。

由于历史的原因，除了《战斗在古长城》类型的作品外，人们很少能够系统地看到沙飞的作品。改革开放后，年轻一代摄影家在社会纪实摄影方面取得了突出的成就。我们惊奇地发现，这些作品的特征与沙飞的探索竟然如出一辙！两代人相隔数十年的探索如此相似，证明两代中国摄影人的这种探索独具魅力、殊途同归。将中国传统美学理念植入西方人创造的摄影术，并在不同时期、不同性质的实践中都能发挥强大的威力，沙飞将摄影术带到了一个全新的领域，是对摄影术发展极为重要的贡献。

纪录片《寻找沙飞》以沙飞的摄影实践为主脉络，探寻沙飞摄影作品拍摄实地，走访沙

沙飞经典摄影作品《八路军骑兵》

飞工作、生活的诸多遗址，采用沙飞之女王雁在近 20 年间陆续采访相关历史人物的大量珍贵影像；后期导演武勇花费一年多的时间精心编辑，导演刘深将大量采访素材及相关史料汇集于此，试图向人们有依有据地讲述沙飞短短 38 年的生命历程，揭示他成功的奥秘。

就在编辑视频的这段时间里，仍有学者实地考察，并取得新的成果。无论中国摄影史，还是中国抗战影像史，沙飞都是一个绕不过去的人物。沙飞及其团队的故事和历史影像，必然会对东、西方摄影产生越来越重要的影响。

2015 年 11 月 6 日

悲情命运与传奇人生：

一个战地记者的影像战争

————作者后记

2014年7月，《寻找沙飞》摄制组在河北阜平凹里村顾棣出生的老房子前，左起依次为：导演刘深、副导演陈一竹、王雁、司苏实（温晓光摄）

2014年7月20日，纪录片《寻找沙飞》在炎炎烈日下的山西武乡八路军总司令部旧址开机，作为中国人民抗日战争暨世界反法西斯战争胜利70周年的影像纪念。经过一年多的拍摄和后期制作，终于完成了这部作品，本书可以作为这部纪录片的文字版。

沙飞在20世纪30

年代以《鲁迅生前最后的留影》系列组照成名，并为中国摄影史留下了《战斗在古长城》《聂荣臻与日本小姑娘美穗子》，抗日将士、白求恩医生、日寇暴行、在华日本反战同盟、国际友人系列等1000多幅照片，成为研究第二次世界大战中国战场极其珍贵的影像史料。

关于顾棣先生

笔者印象尤深的是，沙飞的学生和战友、解放区摄影史研究专家顾棣先生在接受《寻找沙飞》摄制组采访时，深情回忆了与沙

沙飞经典摄影作品《八路军战士过河》

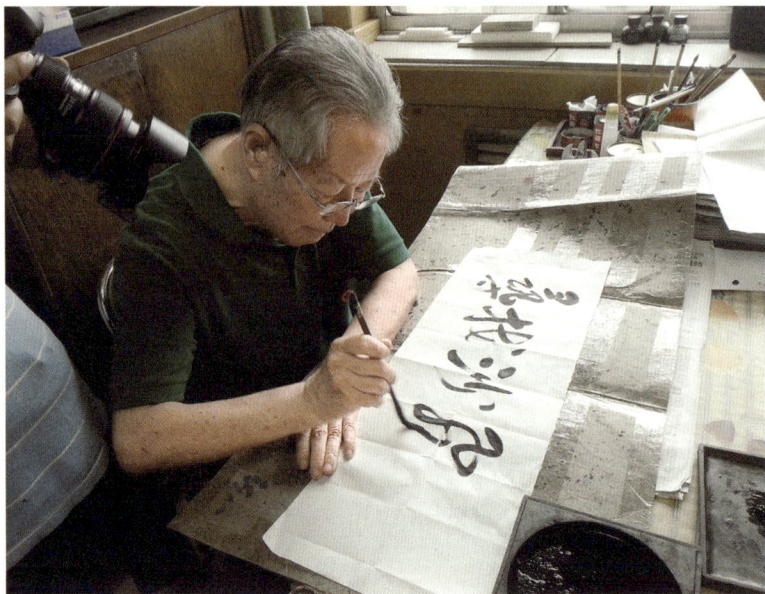

2014 年 7 月 21 日，顾棣在家中为纪录片《寻找沙飞》题写片名（刘深摄）

飞从相识到离别的战斗岁月，并应邀担任我们这部纪录片的顾问。

在顾老家中，他戴上老花镜，指着书架上的史料如数家珍。在这些资料中，最珍贵的是一套《晋察冀画报》合订本原件。顾老说，这套合订本已经十分稀少了，所以十分珍贵。这是他的精神寄托，是他的命根子。

他在回忆往事时说，沙飞十分重视照片底片的保护，提出了著名口号："人在底片在，人与底片共存亡。"抗日战争胜利之后，晋察冀画报社从农村向城市转移，过拒马河的时候，骡子跌倒，驮的照片、底片和资料都掉到河里，沙飞很着急。顾老回忆："我就冒着敌机轰炸到城里边做铁盒，做了 8 个铁盒，然后把底片装在纸口袋，再放进铁盒，把它们焊死。就是掉到水里，铁盒也不要紧。"当时，有人还傻傻地问道，都焊死了，怎么打开用啊？顾老笑着说，用的时候再焊开呀！

听说我们在拍关于沙飞的纪录片，顾老非常高兴，侃侃而谈几个小时，讲述了大量晋察冀画报社的史实，还挥毫为片名"寻找沙飞"题写了几条墨宝，供我们挑选。

笔者还记得，隔了一天，我们与日本友人来住新平先生一起，再次来到顾老家。顾老与日本老朋友相谈甚欢，还出示了一份曾在燕京大学任教的英籍教授林迈克先生校对《晋察冀画报》创刊号英文说明的手稿。

2014 年 8 月，我们有幸在北京采访了《顾棣从影七十年影展》。顾老亲临现场，很多当年晋察冀画报社的老战士后代济济一堂。此次展出了顾老珍藏几十年的老照片和档案资料原件，还原和再现了抗日战争的烽火岁月。

2015 年 8 月 19 日，顾棣在解放军画报社档案室（刘深摄）

2015 年 10 月，顾老将收藏几十年的珍贵资料捐献给国家博物馆。交接之后，老人突然痛哭起来，身边的人无不为之感动。这些从抗日烽火中保存至今的珍贵的第一手资料，犹如老人的生命。

同年 8 月 19 日下午，《寻找沙飞》摄制组跟随顾棣先生重返解放军画报社。在档案室，顾老看到当年他整理的那些照片底片，心情非常激动。他小心翼翼地从防潮纸袋中取出照片底片，仔细地查看。看到保存得十分完好，他非常欣慰。这里有抗日战争时期的照片 2 万多张、解放战争时期的照片 5 万多张。这些底片，凝结着先烈的鲜血和生命，已经成为我们民族文化不可估量的精神财富。

我们在北京接连采访了原《抗敌报》记者、老战士、晋察冀日报史研究会原会长陈春森[①] 先生。陈老拿出珍藏的《抗敌报》，讲述他历经《抗敌报》《晋察冀日报》的报人生涯。

关于沙飞的儿女

笔者一直认为，沙飞与王辉夫妇的 5 个儿女能够一直健康

---

① 陈春森于 2016 年 1 月 20 日在北京逝世，享年 99 岁。

地、乐观地生活着，这是他们父母留下的福荫。这 5 个孩子都在战争的烽火中长大，都经历了颠沛流离，但最终都没有离散，这是极为罕见的幸运。

在 20 世纪 80 年代，沙飞长女王笑利最先开始为她父亲的平反奔波，笑利大姐是一位历史教师，她为沙飞所做的一切，还原了一段历史的真相。从 20 世纪 90 年代开始，沙飞次女王雁开始对她父亲的作品进行接力式的研究和宣传。她从 1995 年正式开始收集历史资料，采访沙飞的老首长、老战友，甚至是老房东和接触过沙飞的人。她不辞辛苦，从城市跑到山沟，到晋察冀大地，到长城内外，去寻找沙飞的足迹。

后来，王雁撰写了史料丰富的《我的父亲沙飞》并再版，主

2014 年 9 月，在广州采访沙飞家族，左起依次为：王少军、于晶萍、王达理、王雁（刘深摄）

编了《沙飞摄影全集》并拟再版。难能可贵的是，她秉持公正客观、严肃认真、一丝不苟的历史态度，不因沙飞是自己的父亲而放弃真实可信的原则。此外，王雁为本书提供了图片资料（署名者除外），并多次审阅了书稿。

关于沙飞研究者

在沙飞作品的研究方面，另一位值得敬重的专业人士，就是前《人民摄影报》总编辑、沙飞摄影网主编司苏实先生。苏实兄是一位治学严谨、重考据，尤其重实地考察的学者兼摄影家。他和王雁加入笔者的摄制团队，共同行走晋察冀大地，加上顾老做强力后盾，使纪录片《寻找沙飞》的拍摄构成了堪称史上最强悍、最具专业水准和权威性的"铁三角"。

司苏实先生指出："发端于抗日战争初期的抗战影像在中国摄影史，乃至世界摄影史中占有重要地位，沙飞是这支摄影队伍的开拓者。"确实，沙飞把年仅 38 岁的青春，把强烈悲剧色彩的传奇人生，献给了追求民族自由、解放的伟大时代；他是中国战地新闻摄影事业的开创者和奠基人，也是近百年来世界杰出战地记者之一。

特别难能可贵的是，沙飞同时又是一个战士。他从民族大义出发，发出"用摄影唤醒民众投身抗战"的呼吁，提出"摄影与救亡""摄影武器论"等时代论题，并且以照相机为武器，坚持战斗在血与火的前线。

协助拍摄纪录片《寻找沙飞》的日本沙飞研究会会长来住新平先生，已 84 岁高龄，多年从事中日友好交流工作，50 多次访问中国。他在接受摄制组采访时说，沙飞与著名的战地记者卡帕相比，后者仅仅是表现了战争的残酷，而沙飞的照片还透射着更加丰富的人性光芒，带有更多的前瞻性。

比如，沙飞曾经拍摄了聂荣臻致日军指挥官的信，还拍摄了护送日本孤女美穗子、留美子的李化堂手持信函的照片。果然，这封信在被送到日军指挥官手中之后，至今无下落，沙飞拍摄的照片就成为绝无仅有的历史见证。沙飞曾经对他的助手说："这是一件大事，这些照片几十年后会起作用。"

关于摄制团队

纪录片《寻找沙飞》由广东开平市政府、深圳市大鹏兄弟影视文化传媒有限公司、河北省英烈纪念园、深圳市大咖小啡文化传媒有限公司、北京春江映月文化传媒有限公司等单位联合摄制。

炎炎夏日，高强度，快节奏，气候变幻，体力透支，中暑，过度饥渴，食物中毒，睡眠不足，筋疲力尽……一路上有幸获得众多朋友热情相助，老区乡亲的淳朴和善良给我们勇气与力量。

摄制组沿着沙飞当年的足迹，风尘仆仆，一路艰辛。笔者甚至在河北涞源荒野中的长城上中暑。大家共同的心愿，就是拍出一部经得起历史考验的纪录片作品，真实再现沙飞短暂、传奇和悲剧性的一生。

笔者还清晰地记得，纪录片《寻找沙飞》摄制组跋山涉水，酷暑险途，栉风沐雨，纵横山西、河北大地。2014 年 7 月 29 日下午，《寻找沙飞》在石家庄沙飞纪念馆杀青。摄制组全体同事在沙飞雕像前敬献鲜花，这里埋葬着沙飞的遗物和他的妻子王辉的骨灰。王雁大姐在她父母安息之地长跪不起，成为《寻找沙飞》的最后一个镜头。

沙飞在天有灵，让我们记录了无数真实感人的场面和细节。我们将不负众望，呈现 70 多年前那场残酷的战争，再现沙飞镜头记录的血与火的历史，向公众奉献一部值得期待的史诗传记纪录片，同时，向读者奉上这本带有学术研究、田野调查和文献意义的纸质作品。

关于无数幕后英雄

感谢中国国际文化交流中心、广东开平市文化广电新闻出版局、河北省英烈纪念园沙飞纪念馆、晋察冀边区革命纪念馆、日本沙飞研究会、深圳市大鹏兄弟影视文化传媒有限公司；感谢

2014 年 7 月 27 日，《寻找沙飞》摄制组采访位于河北阜平城南庄的晋察冀边区革命纪念馆，左起依次为：讲解员顾建青、刘深、王雁、司苏实、副馆长王芳、讲解员董志青（温晓光摄）

开平市市长余雪俊先生，开平市委常委、宣传部部长颜海娜女士，开平市文广新局局长谭伟强先生，以及张雪慧先生、谭发宁先生；感谢这部纪录片的出品人兼制片人邓力平先生，顾棣的公子顾小棣先生，他们的关怀与帮助总是最真心、最直接和最给力的。

2015 年 9 月 1 日，隆重举办了"带沙飞回家"——纪念著名战地记者沙飞的三项重要活动：纪录片《寻找沙飞》和专著《我的父亲沙飞》在沙飞故里广东开平联合首发，《沙飞镜头中的抗战》展览开幕，献礼中国人民抗日战争暨世界反法西斯战争胜利 70 周年。

就在首发式的前一天早晨，笔者的父亲在故乡沈阳病逝。噩

2015年6月，纪录片《寻找沙飞》导演刘深（中）与出品人谭伟强（右）、邓力平（左），在沙飞故里广东开平合影

耗传来，笔者心中悲痛万分。首发式结束后，笔者于当天中午赶往广州白云机场，飞回沈阳为父亲奔丧，很多朋友给予了友善的温暖、默默的支持和情深意长的慰藉。

笔者在山西太原度过了2015年的元旦。在那个寒冷的冬天，雾霾密布的天空透射着落日的余晖。笔者顶着飘飘的雪花，有幸结识合作团队——北京春江映月文化传媒有限公司、山西省思语天成文化传媒有限公司，以及笔者的沈阳同乡、兼有文学才华和文化企业开拓精神的金朝晖女士，后期导演兼剪辑师武勇先生。

感谢黄正先生、吴露女士、李三平女士、陈慧娟女士对纪录片《寻找沙飞》拍摄和本书写作给予的真诚协助与无私支持，感谢琵琶演奏家、音乐才女李戈为纪录片《寻找沙飞》主题歌作曲并演唱，感谢平面设计师马文静、杨力源的辛勤劳动。

感谢摄制团队的陈一竹、苏润菁、白莹、王博、刘晓莉、廖鹏飞、刘丽萍、曹媛、文悦良、黎伟、詹子斌、温晓光、曹红、

2015年9月1日，纪录片《寻找沙飞》首映式在广东开平举行（关炳辉摄）

杨克林、王华、冷笑、张睿光等全体伙伴们，包括来自美国的摄影师阿马和香港摄影师施健民先生，感谢大洋两岸的英文和日文翻译团队。无论是摄影师、剪辑师、司机、炊事员，没有他们中的哪一个人，都不会有纪录片《寻找沙飞》和本书的今天。

2016年11月6日定稿于深圳

附录一

沙飞简历

(1912 年 5 月 5 日—1950 年 3 月 4 日)

　　沙飞，原名司徒传，生于广州，祖籍广东开平赤坎。20 世纪 30 年代，沙飞以《鲁迅生前最后的留影》系列组照成名。抗战时期，他从民族大义出发，发出"用摄影唤醒民众投身抗战"的呼吁，提出"摄影与救亡""摄影武器论"等时代论题，以照相机为武器，坚持战斗在抗日前线。

　　全国抗日战争爆发后，沙飞奔赴华北前线，曾任全民通讯社摄影记者，并于 1937 年 12 月在河北阜平参加八路军。他先后担任抗敌报社副主任、晋察冀军区政治部宣传部摄影科科长、晋察

2004 年 5 月 19 日，聂荣臻元帅之女聂力（左四）与沙飞七弟司徒彤（右二）、沙飞的五个子女在河北石家庄合影（王雁提供）

冀画报社主任、华北画报社主任等职。

1939 年晋察冀军区摄影科成立后，沙飞与战友们在 9 年中拍摄了数万张具有文献价值的照片，并保存了底片和照片资料；晋察冀画报社出版刊物数十万份（册），并培养了大量一手拿枪、一手拿相机的战地摄影人才。

作为八路军战地记者的杰出代表，沙飞为中国摄影史留下了《战斗在古长城》《聂荣臻与日本小姑娘美穗子》抗日将士、白求恩医生系列、日寇暴行、在华日本反战同盟、国际友人系列等 1000 多幅照片，成为研究第二次世界大战中国战场极其珍贵的影像史料。1950 年 3 月 4 日，沙飞在生病住院期间，枪杀日本籍医生津泽胜，被华北军区政治部军法处在石家庄处以极刑。1986 年 5 月，北京军区军事法院经再审查明，沙飞是在患有精神病情况下作案，不应负刑事责任，撤销原判决。

附录二

沙飞摄影简历

　　1933 年，沙飞为蜜月旅行买了照相机，对摄影产生兴趣。一开始，他喜欢拍摄风景、静物；但很快把镜头对准劳苦大众。

　　1935 年 6 月，沙飞加入上海摄影团体黑白影社。1935 年、1936 年，他先后参加黑白影社第三届、第四届摄影作品展，展出作品《图案》《渔光曲》《绿波留恋浣纱人》《勤俭》。

　　1936 年年初，沙飞看到一本外国画报里面有几幅照片，是 1914 年奥匈帝国皇位继承人菲迪南大公到访萨拉热窝时，被一名塞尔维亚族青年用手枪打死的场景。这个事件是第一次世界大战的导火线。沙飞决定，当摄影记者，用照相机记录历史。

1936 年 10 月 8 日，他在上海拍摄成名作品——组照《鲁迅生前最后的留影》；11 天后，鲁迅去世，拍摄了鲁迅遗容及鲁迅葬礼组照；为在报刊发表有关鲁迅的照片，自起笔名"沙飞"（意即"我要像一粒小小的沙子，在祖国的天空中自由飞舞"）；同年 10 月至 11 月，在上海的《良友》《时代》《生活星期刊》《中华图画杂志》《作家》《光明》《文季月刊》，以及《广州民国日报》、香港《大众日报》、汕头《先声晚报》等报刊上，发表有关鲁迅的照片及回忆文章。沙飞一直把文学家鲁迅作为自己的精神导师，离世时带走的唯一东西，就是一直随身携带的自己拍摄的鲁迅照片的底片。

1936 年 11 月、1937 年 6 月，沙飞先后在《生活星期刊》《中华图画杂志》上发表《南澳岛——日人南进的一个目标》《敌人垂涎下的南澳岛》专题摄影作品。

1936 年 12 月，沙飞在广东广州举办第一次个人摄影展览，展出摄影作品 114 幅。他在《展览专刊》上发表的题为《写在展出之前》的文章中提出："现实世界中，多数人正给疯狂的侵略主义者所淫杀、践踏、奴役！这个不合理的社会，是人类最大的耻辱，而艺术的任务，就是要帮助人类去理解自己，改造社会，恢复自由。因此，从事艺术的工作者——尤其是摄影的人，就不应该再自囿于玻璃棚里，自我陶醉，而必须深入社会各个阶层，各个角落，去寻找现实的题材。"

1937 年 6 月，沙飞在广西桂林举办第二次个人摄影展览，展示作品 100 幅。千家驹、陈望道、李桦、马宗融、祝秀侠、廖苾光等学者，在《沙飞摄影专刊》上发表了评论文章。

1937 年 8 月 15 日，沙飞在《广西日报》发表文章《摄影与救亡》，提出："将敌人侵略我国的暴行、我们前线将士英勇杀敌的情景以及各地同胞起来参加救亡运动等各种场面反映暴露出来，以激发民族自救的意识。同时并要严密地组织起来，与政府及出版界切实合作，务使多张有意义的照片，能够迅速地呈现在全国同胞的眼前，以达到唤醒同胞共赴国难的目的。这就是我们摄影界当前所应负的使命。"

1939 年 9 月 18 日，九一八事变 8 周年纪念日，沙飞在文章《为吴印咸〈摄影常识〉作序》中提出："在这伟大的民族自卫战争的过程中，一切都必须为抗战建国而服务。我们为了要增强抗战的力量，为了要使这种有力的宣传工具起到它应有的作用——把我军区军政民各界在华北广泛开展游击战争，坚持持久抗战，坚持统一战线，改善人民生活，实施民主政治……等英勇斗争情形，把日寇一切残暴与阴谋以及敌伪军厌战反战等事实，反映出来，并广泛地传达到全国和全世界去。使全国同胞和全世界人士知道在华北敌人的后方有这样广大而巩固的抗日根据地，并了解这个抗日根据地的一般情形，相信中国抗战是有光明的前途，和更清楚地认识日寇的残暴与阴谋，以及它可怜的命运——因此，我们已决定把全军区所有的摄影机动员起来，把全军区所有愿意从事新闻摄影工作的同志们联系起来，以便共同担负起时代所给予我们新闻摄影工作者的重大的任务。我们知道，没有组织和计划，就决不会发生多大力量的。"

1948 年 12 月 30 日，病重住院的沙飞给顾棣回信："你在资料工作这几年来已有很大成绩，希望继续努力。资料工作在画报工作占着很重要的一部分。而这些东西也是全体同志十余年来血汗换来的结晶品。所以我们都要加以爱护它呢。"

从 1937 年 9 月至 1946 年 8 月，沙飞拍摄了晋察冀抗日根据地军民打击侵略者、抗日将士、军旅生活、民主政权建设、民众支援抗日、百姓生活、日寇暴行、在华日人反战同盟、国际友人等千余幅照片。

从 1939 年晋察冀军区摄影科成立、1942 年晋察冀画报社成立至 1948 年 5 月华北画报社成立为止，沙飞与战友们在 9 年中主要做了以下几项工作：

1．拍摄数万张具有文献价值的照片，并保存照片底片、照片资料；

2．创办《晋察冀画报》，出版刊物几十万份（册）；

3．培养摄影队伍；

4．对外发表 5 万余张照片；

5．举办影展 300 余次；

6．先后派出 3 批人员，支援兄弟解放区创办摄影画报。

《晋察冀画报》封面（王雁提供）

附录三

摄影与救亡

沙　飞

　　摄影是造型艺术的一部门。但是它并不能像其他造型艺术之可以自由创造，而必须是某一事物的如实的反映、再现。因此，在当初它是被否认为艺术的。但是，事实上它虽然必须是某一事物的如实的反映、再现。然而，在反映再现的过程中，就必须要有艺术修养的作者慎密的处理，才会使人感动。所以，摄影终于被人公认为造型艺术中的一部门了。

　　正因为摄影必须是某一事物的如实地反映再现，所以才能够使人生出最真实的感觉，得到最深刻的印像。并且摄影可以藉着科学的帮助，在极短速的一瞬间，就可以把一切事物摄入镜头，更可以在一极短速的时间将所反映出来的事物形态翻印出千百万份来，这也是它迥异于其他造型艺术的一种特质。

谁都知道，在国家如此危难的今日，要挽救民族的沦亡，决不是少数人所能做得到的事。因此"唤醒民众"是当前救亡运动的急务。但是，直到现在，文盲依然占全国人口总数百分之八十以上。因此单用方块字去宣传国难是决不易收到良好的效果的。摄影即具备如述的种种优良的特质，所以，它就是今日宣传国难的一种最有力的武器。

记得在不久之前，郭沫若先生曾经说过"一张好的照片胜过一篇文章"——大意是这样，原文记不清楚了，这就是文化界对摄影的一种新的估价，同时也就是对摄影界的一种热烈的期望和有力的启示。

摄影在救亡运动上既是这么重要，摄影作者就应该自觉起来，义不容辞地担负起这重大的任务。把所有的精力、时间和金钱都用到处理有意义的题材上——将敌人侵略我国的暴行、我们前线将士英勇杀敌的情景以及各地同胞起来参加救亡运动等各种场面反映暴露出来，以激发民族自救的意识。

同时并要严密地组织起来，与政府及出版界切实合作，务使多张有意义的照片，能够迅速地呈现在全国同胞的眼前，以达到唤醒同胞共赴国难的目的。这就是我们摄影界当前所应负的使命。

1937 年 8 月 13 日桂林

【1937 年 8 月 15 日，《摄影与救亡》发表于《广西日报》之
广西版画研究会主编的《时代艺术》第 5 期】

附录四

纪录片《寻找沙飞》主题歌
《我是一粒沙》

刘　深/词　李　戈/曲/演唱

我是一粒沙
我有自由的梦想
自由的渴望
自由的飞翔
自由的方向
自由的方向……

当战火焚烧了故乡

纪录片《寻找
沙飞》主题歌《我
是一粒沙》

我已经走上了战场

我的爱人

我的爱人……

爱人……

不要把我遗忘

我是一粒沙

我有自由的梦想

自由的渴望

自由的飞翔

自由的方向

自由的方向……

在祖国的天空

有铁色的希望

青春的美丽

爱情的忧伤

那凋谢的花儿

何时还将绽放

我是一粒沙

我有自由的梦想

自由的渴望

自由的飞翔

自由的方向

自由的方向……

附录五

参考书目

1. 石少华:《风雨十年:回忆与沙飞同志共同战斗的日子》《摄影文史》2003 年第 1—2 期。

2. 顾棣编著:《中国红色摄影史录》,山西人民出版社 2009年版。

3. 张鼎中:《开国秘密战——我在军法处八年》,解放军文艺出版社 2013 年版。

4. 王雁:《我的父亲沙飞》,社会科学文献出版社 2015 年版。

5. 王雁主编:《沙飞摄影全集》,长城出版社 2005 年版。

视频索引

纪录片《寻找沙飞》精选　　　　　　　　　　　4

众人回忆沙飞采访平型关战斗经过　　　　　　72

寻访沙飞《战斗在古长城》系列作品拍摄地　　77

沙飞拍摄五台山和尚连抗日经过　　　　　　100

杨成武将军回忆沙飞　　　　　　　　　　　　　　103

沙飞拍摄晋察冀边区抗日民主政权建设
系列作品经过　　　　　　　　　　　　　　　103

沙飞拍摄加拿大医生白求恩系列作品经过　　　　118

沙飞拍摄《聂荣臻与日本小姑娘》系列作品经过　132

安志敏讲述八路军涞源抗战事迹　　　　　　　　135

沙飞拍摄日本战俘系列作品经过　　　　　　　　139

王金莲讲述送丈夫参军经过　　　　　　　　　　140

碾盘沟乡亲回忆晋察冀画报社　　　　　　　　　145

赵银德回忆保护底片　　　　　　　　　　　　　165

当事人回忆柏崖惨案　　　　　　　　　　　　　173

沙飞拍摄洞子沟晋察冀画报社驻地系列作品经过　177

沙飞之女王雁讲述她父母破镜重圆　　　　　　　197

沙飞胞弟和后代回忆并评述沙飞　　　　　　　　197

沙飞之死经过　　　　　　　　　　　　　　　　246

沙飞孙女司徒剑萍评述沙飞早期作品　　　　　　286

战友和日本友人回忆并评述沙飞　　　　　　　　299

纪录片《寻找沙飞》主题歌《我是一粒沙》　　　336

出　　品：图典分社

策划编辑：侯　春

责任编辑：侯　春

图书在版编目（CIP）数据

寻找沙飞：一个战地记者的影像战争 / 刘深　著．

　—北京：人民出版社，2017.3

ISBN 978 - 7 - 01 - 016650 - 6

I. ①寻… 　II. ①刘… 　III. ①沙飞 - 生平事迹 　IV. ① K825.42

中国版本图书馆 CIP 数据核字（2016）第 210318 号

寻找沙飞

XUNZHAO SHAFEI

——一个战地记者的影像战争

刘深　著

人民出版社 出版发行

（100706　北京市东城区隆福寺街 99 号）

北京盛通印刷股份有限公司印刷　新华书店经销

2017 年 3 月第 1 版　2017 年 3 月北京第 1 次印刷

开本：710 毫米 × 1000 毫米 1/16　印张：22

字数：245 千字

ISBN 978 - 7 - 01 - 016650 - 6　定价：90.00 元

邮购地址 100706　北京市东城区隆福寺街 99 号

人民东方图书销售中心　电话（010）65250042　65289539

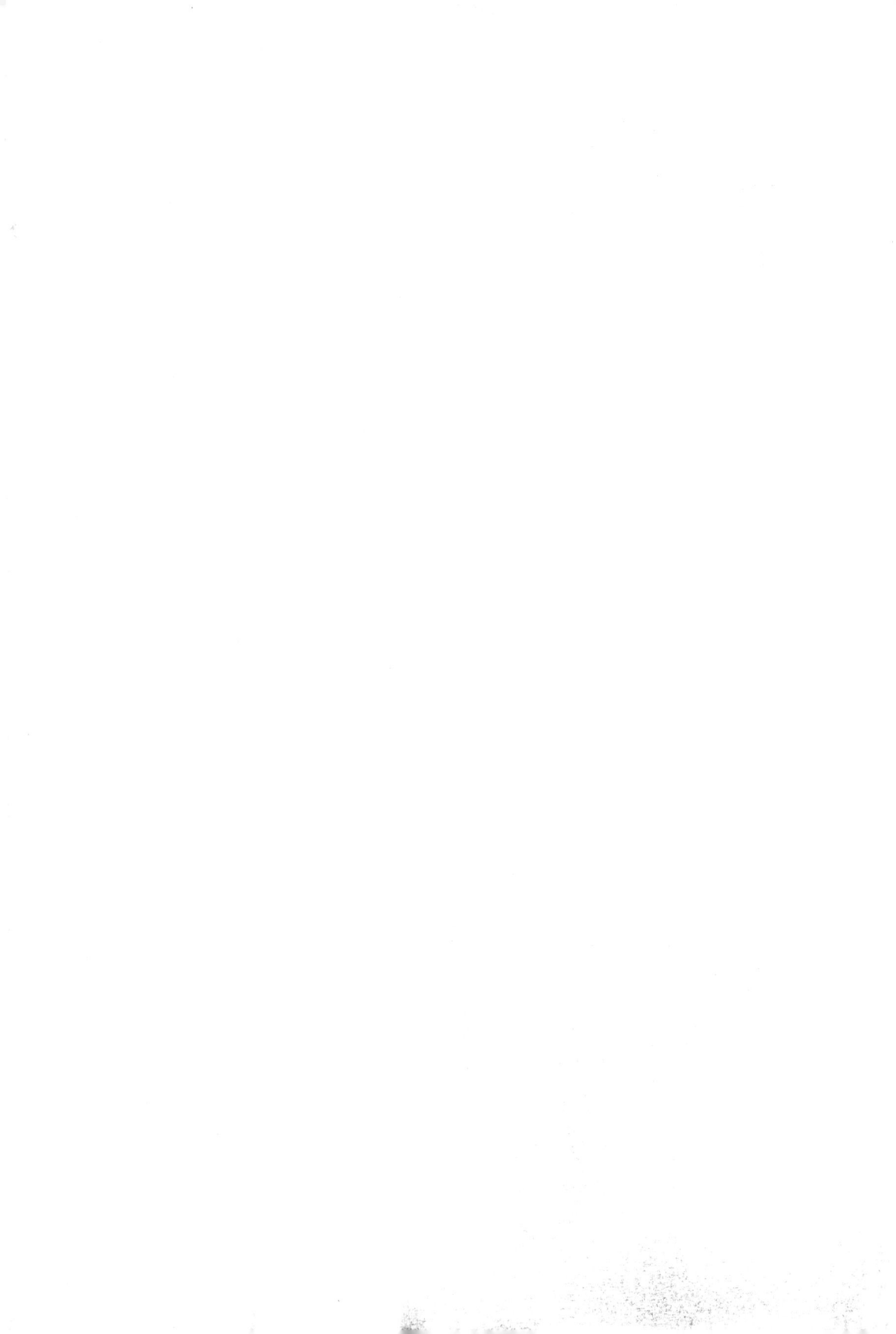